가장 위험한 기도

주시도

IVP(InterVarsity Press)는
캠퍼스와 세상 속의 하나님 나라 운동을 지향하는
IVF(InterVarsity Christian Fellowship)의 출판부로서
생각하는 그리스도인을 위한 문서 운동을 실천합니다.

가장 위험한 기도

주시도

김영봉

차례

머리말 __ 7

1부 하늘을 향하는 기도 __ 15
    1. 기도 안에 내가 있다 __ 17
    2. 나의 하나님은 너무 작다 __ 33
    3. 나에게서 아버지를 본다 __ 55
    4. 하나님 안에 타인은 없다 __ 73

2부 하나님을 위한 기도 __ 89
    5. 내가 아니라 하나님이다 __ 91
    6. 내 나라는 없다 __ 107
    7. 땅에서 하늘처럼 산다 __ 123

3부 우리를 위한 기도 __ 143

    8. 내 기도는 사치스럽다 __ 145

    9. 우리는 공범이다 __ 159

    10. 세상은 악하고 인간은 약하다 __ 179

4부 하늘로 올리는 기도 __ 195

    11. 하늘이 전부다 __ 197

맺음말 __ 211

■ **일러두기**
이 책에 인용된 성경 본문은 새번역을 사용하였습니다.

머리말: 주기도, 가장 위대한 그러나 가장 위험한 기도

이 책은 주님이 우리에게 남겨 주신 고귀한 유산 중 하나인 '주기도'에 대한 해설입니다. 제가 섬기는 와싱톤한인교회에서 2012년에 설교한 것을 다듬고 보완한 것입니다.

저는 이 설교를 통해 '학문적 연구에 기초한 신학적 묵상'을 교우들과 나누고 싶었습니다. 저는 복음서 연구에 전문적인 훈련을 받았고, 마태복음과 누가복음에 대한 주석도 집필한 적이 있습니다. 하지만 학자의 연구로써 미칠 수 있는 경지에는 한계가 있습니다. 본디, 말씀은 무릎으로 읽고 삶으로 깨쳐야 하는 법입니다. 저는 이 연속 설교를 하는 동안 밀도 있는 묵상과 영적 씨름을 통해 전에 보지 못했던 차원을 발견하고 깨닫는 은혜를 입었습니다.

아우구스티누스는 "제대로 기도하고 있다면, 기도 중에 무엇을 말하든 이미 주기도 안에 담긴 것을 말하는 셈이다"고 말했습니다. 토마스 아퀴나스는 주기도를 "가장 완전한 기도"라고 불렀고, 마르틴 루터는 "기독교의 모범 기도문"이라고 했습니다. 주기도는 예수님이 남겨 주신 가장 위대한 유산 중 하나입니다. 이 기도문에는 우리 주님의 영혼이 담겨 있으며, 주님의 땀과 피가 스며 있습니다. 주기도를 통해 우리 마음은 주님의 마음을 닮고 우리 삶은 주님의 삶을 닮아 갑니다. 그것이 진정한 기도의 힘입니다.

그런데 불행하게도, 주기도를 자주 암송하면서도 그 정신을 묵상하고 실천하기를 힘쓰는 사람들은 많지 않습니다. 우리 신앙 생활에서 주기도는 매우 형식적으로 사용되고 있습니다. 좀처럼 주기도에 담긴 뜻을 알려고 노력하지 않습니다. 늘 암송하는 기도이기 때문에 다 알고 있다고 착각하기 쉽습니다.

주기도에 대한 설교집 혹은 해설집은 이미 많이 나와 있습니다만, 학문적인 토대가 탄탄하고 신학의 깊이가 있는 책들을 선별해서 보아야 합니다. 이 책을 읽고 더 깊이 공부하기를 원하는 독자들을 위해 도움이 될 만한 책을 소개합니다.

우리말로 읽을 수 있는 책 중에서 가장 높이 추천하고 싶은 것은 헬무트 틸리케의 「세계를 부둥켜 안은 기도」(홍성사)입니다. 헬무트 틸리케는 독일 출신의 탁월한 조직신학자입니다. 그는 제2차 세계대전이 한창일 때, 포탄이 터지고 공습경보가 울리는 가운데 주기도에 대한 연속 설교를 행했습니다. 이 책을 읽는 동안 저는 마치 제가 그 회중 가운데 있는 것처럼 느꼈고, 틸리케 박사의 깊은 영성에 감화되었습니다. 설교문에 이렇게 강하게 사로잡힌 적이 없었던 것 같습니다. 꼭 일독을 권합니다.

정용섭 박사의 「주기도란 무엇인가」(홍성사)도 좋은 길잡이가 될 것입니다. 이 책의 저자 역시 성서학자가 아니라 조직신학자입니다. 또한 이 책은 설교가 아니라 신학적 해설로 의도되었습니다. 저자의 신학적 입장이 다소 단정적으로 표현되기는 하지만, 학자가 일반 독자의 눈높이에 맞추어 쓴 좋은 참고서입니다.

미국 신학자 스탠리 하우어워스와 윌리엄 윌리몬이 함께 쓴 「주여, 기도를 가르쳐 주소서」(복있는사람)도 좋은 책입니다. 스탠리 하우어워스는 제가 가장 좋아하는 신학자 중 한 사람입니다. 우리 시대의 최고의 조직신학자와 목회신학자가 함께 썼다는 것만으로도 일독할 만한 책입니다. 주기도를 현대 미국의 상황에 맞추어 해설한 이 책은 우리 독자들에게도 여러 중요한 통찰과 깨달음을 줄 것입니다.

'이렇게 좋은 안내서들이 있는데 왜 굳이 이 책을 내야 할까?'라는 질문을 스스로 물어 보았습니다. 바라기는, 이 책이 앞에서 추천한 세 권의 탁월한 안내서들을 보완해 주었으면 합니다. 복음서를 연구한 학자로서 저는 주기도를 볼 때 조직신학자나 목회신학자와는 다른 각도에서 보게 될 것입니다. 또한 한국 교회의 상황에서 선포되었다는 점에서 독자들의 삶에 적실성을 가지기를 기대합니다.

이제, 주기도의 내용을 논하기 전에 본문에 대한 소개를 하겠습니다. 지난 반 세기 동안 한국 교회가 사용한 주기도문은 다음과 같습니다.

하늘에 계신 우리 아버지여,
이름이 거룩히 여김을 받으시오며,
나라이 임하옵시며,
뜻이 하늘에서 이룬 것같이
땅에서도 이루어지이다.
오늘날 우리에게 일용한 양식을 주옵시고,
우리가 우리에게 죄 지은 자를 사하여 준 것같이
우리 죄를 사하여 주옵시고,
우리를 시험에 들게 하지 마옵시고,
다만 악에서 구하옵소서.
대개 나라와 권세와 영광이
아버지께 영원히 있사옵나이다.
아멘.

이 번역은 원문과의 일치성과 우리말 어법으로 볼 때 아주 훌륭합니다. 원문에는 '당신의 이름', '당신의 나라', '당신의 뜻'으로 되어 있는데, 우리말로 옮기면서 '당신'을 모두 제거했습니다. 우리말 어법에서 '당신'은 높임말이 아니기 때문이며, 우리말은 소유격을 굳이 표현하지 않아도 되기 때문입니다. 원문의 수동태를 그대로 유지한 것도 좋은 번역이라고 할 수 있습니다. 다만, 번역된 지 한 세대가 지났기 때문에 젊은 세대는 예스럽게 느낄 수 있는 약점이 있습니다.

그런 이유로 2006년에 「21세기 찬송가」 편찬위원회는 '주기도문'과 '사도신경'의 번역을 새롭게 고쳤습니다. 고친 번역은 다음과 같습니다.

> 하늘에 계신 우리 아버지,
> 아버지의 이름을 거룩하게 하시며,
> 아버지의 나라가 오게 하시며,
> 아버지의 뜻이 하늘에서와 같이
> 땅에서도 이루어지게 하소서.
> 오늘 우리에게 일용할 양식을 주시고,
> 우리가 우리에게 잘못한 사람을 용서하여 준 것같이
> 우리 죄를 용서하여 주시고,
> 우리를 시험에 빠지지 않게 하시고,
> 악에서 구하소서.
> 나라와 권능과 영광이 영원히 아버지의 것입니다.
> 아멘.

이 번역의 특징은 원문에 있는 '당신의'를 모두 '아버지의'로 의역했다는 점입니다. 이 점에 대해서는 잘 했다는 의견과 지나치다는 의견이 팽팽하게 대립하고 있습니다. 또한 원문에 있는 수동태 동사를 능동태로 바꾸어 의미를 더 분명하게 했습니다. 예컨대, 젊은 세대는 "나라이 임하옵시며"라는 번역을 어색하게 느끼는데, 이를 "아버지의 나라가 오게 하시며"라고 바꾸었습니다. 이로써 의미는 더 분명해진 반면, 함축적인 맛이 사라졌습니다. 번역이 너무 친절한 것도 그리 좋은 것은 아닙니다.

이 책에서 저는 새 번역을 기본 텍스트로 사용했습니다만, 이 기회에 저 나름대로 주기도를 번역해 보았습니다. 이것은 공적 예배에서 한 목소리로 기도하는 것을 염두에 둔 번역이 아니라, 독자의 이해를 돕기 위한 것입니다.

아버지,
하늘에 계신 우리 아버지,

거룩히 여겨지소서,
당신의 이름이.

임하소서,
당신의 나라가.

이루어지소서,
당신의 뜻이.
하늘에서와 같이 땅에서도.

양식을,
우리가 하루 먹을 양식을
오늘 우리에게 주소서.

용서하소서,
우리의 빚을.
우리가 우리에게 빚진 사람들을 용서하듯이.

마소서,
우리가 시험에 들게 하지.
구하소서,
우리를 악한 자에게서.

당신에게 있습니다.
나라와 권능과 영광이
영원토록.
아멘.

이 번역은 원문의 어순을 감안한 것입니다. 헬라어는 주어, 동사, 목적어 등의 어순이 확고하게 고정되지 않습니다. 그렇기 때문에 강조하려는 단어를 맨 앞에 두는 경우가 많습니다. 그래서 다른 언어로 번역할 때 원문의 어순을 그대로 따르면 무리가 생기지만, 시적 허용을 빌려 원문의 어순대로 번역해 보았습니다.

또한 "아버지, 하늘에 계신 우리 아버지"와 "양식을, 우리가 하루 먹을 양식을"에서 보듯, 어순으로 강조한 단어를 반복법으로 강조했습니다. '당신'이라는 대명사를 쓴 것은 시대적 흐름에 따라 '당신'을 2인칭 존칭대명사로 쓸 수 있다고 생각해서입니다.

마지막으로, 책을 내면서 감사의 인사를 드릴 분들이 있습니다. 이 책이 나올 수 있었던 것은 와싱톤한인교회 교우들의 사랑과 기도와 기대 덕분입니다. 온전한 믿음과 삶을 향해 저와 함께 늘 영적 씨름을 함께 해 주시는 교우들께 깊은 감사의 말씀을 전합니다. 또한 이 책의 편집 작업을 기쁨으로 맡아 주신 임혜진 씨에게도 감사의 말씀을 드립니다. 부디, 부족하지만 이 글이 우리 주님의 마음을 더 깊이 이해하고 기도의 길을 찾아가는 데 유익한 도구가 되기를 기도합니다.

2013년 5월
버지니아에서
김영봉

1부 하늘을 향하는 기도

1. 기도 안에 내가 있다

주기도의 의미

기도하는 동물

사람은 누구나 기도합니다. 종교를 가지고 있든 가지지 않든, 마찬가지입니다. 누구에게 기도하는가, 무엇을 위해 기도하는가, 어떻게 기도하는가, 혹은 누구의 이름으로 기도하는가에서 차이가 있을 뿐입니다. 인간은 한계적 존재이기 때문에 일생을 살면서 몇 번은 간절히 기도하지 않을 수 없습니다. 종교를 가진 사람은 자신이 믿는 신에게 기도하고, 종교가 없는 사람은 알지 못하는 초월자에게 기도합니다. "하나님, 부처님, 알라님!"이라고 소리쳐 기도하는 사람도 있습니다.

 무신론자도 알고 보면 어떤 형식으로든 기도합니다. 미국에서 최근 몇 년 동안 무신론 운동이 하나의 종교 운동처럼 부흥했습니다. 어떤 평가에 의하면, 최근 가장 급성장한 종교는 무신론교(the church of atheism)라고 합니다. 미국 무신론 운동의 부흥을 이끈 세 명의 저자가 있습니다. 리처드 도킨스(Richard Dawkins), 짐 해리스(Jim Harris), 크리스토퍼 히친스(Christopher Hitchens)입니다. 「만들어진 신」(*God Delusion*, 김영사)을 쓴 리처드 도킨스가 무신론교의 교황이라면, 「신은 위대하지 않다」(*God Is Not Great: How Religion Poisons Everything*, 알마)를 쓴 크리스토퍼 히친스는 무신론교의 추기경쯤 되는 사람입니다.

크리스토퍼 히친스는 시도안으로 투병하다가 2011년에 62세를 일기로 세상을 떠났습니다. 그가 암에 걸렸다는 소식이 전해지자, 그의 공격에 시달림을 받았던 기독교인들이 그의 치유를 위해 기도를 해도 되겠느냐고 물었습니다. 히친스는 그 제안을 거부했습니다. 혹시나 히친스가 임종 전에 회심하지 않을까 기대하는 사람들도 있었지만, 그는 결국 무신론자로서 죽음을 맞았습니다. 그는 죽음을 맞는 자신의 심정을 이렇게 표현했습니다.

개인적으로 나는 죽음에 수동적으로 당하기보다는 적극적으로 '죽기' 원합니다. 죽음의 눈동자를 똑바로 쳐다보고, 그것이 다가올 때 무엇인가를 하려 합니다.

참 멋져 보이지 않습니까? 그는 언론인으로서 일생 동안 초월과 신성에 맞서 싸우면서, 인간이 만든 모든 성역을 허물려고 몸부림쳤습니다. 성녀로 추앙받는 테레사 수녀가 실은 위선과 거짓 덩어리라는 책을 쓴 사람이 바로 히친스입니다. 「자비를 팔다」(*The Missionary Position: Mother Teresa in Theory and Practice*, 모멘토)가 그 책입니다. 그는 생의 마지막 순간까지 성역파괴자로 살았습니다.

그 일관됨에 대해서는 그리고 그 거침없음에 대해서는 인정할 만합니다만, 제 눈에는 그의 태도가 인간의 한계성을 역설적으로 보여 주는 증거로 보입니다. 의사의 경고에도 불구하고 끝까지 중독에 가까운 흡연과 음주 습관을 버리지 않은 것이나, 끝까지 신을 부정하고 죽음을 맞은 것 모두가 제게는 강해 보이고 싶어 하는 약한 자의 몸부림처럼 보입니다. 마음을 짓누르는 두려움을 부정하기 위해 주먹을 불끈 쥐고 "나는 두렵지 않아!"라고 소리치는 어린아이처럼 보입니다.

어찌 보면, 그의 이러한 태도는 일생 동안 부정해 온 하나님에 대한 그 나름의 기도였을지도 모릅니다. 하나님에 대해 하는 모든 행동은 일종의 기도입니다. 하나님을 찬양하고 경배하는 말과 행동도 기도요, 하나님을 부정하고 거부하는 말과 행동도 기도입니다. 시편을 읽어 보십시오. 하나님께 대들고 따지고 분노하는 말들이 얼마나 많습니까? 그 모든 것이 기도이기에 시편에 묶여 있는 것입니다. 무신론자도 끊임없이 기도하는 셈이라고 말하는 이유가 여기 있습니다.

그러므로 의식하든 의식하지 않든, 기도는 인간의 가장 기본적인 활동 중 하나입니다. 인간을 '생각하는 동물'이라고 부르는데, 이렇게 따진다면, 인간을 '기도하는 동물'이라고 불러도 지나친 말은 아닐 것입니다.

하늘로 솟아오르도록

인간이 '기도하는 동물'이라는 말은, 인간이 인간 되기 위해 기도가 가장 중요한 요소라는 뜻입니다. 인간이 하는 활동 중에서 기도가 가장 중요한 활동이라는 뜻입니다.

기도를 119 전화처럼 생각하는 사람들은 이 말을 잘 이해하지 못할 것입니다. 다행히도 저는 그동안 119를 한 번도 사용해 본 적이 없습니다. 누가 저에게 "인간의 삶에서 가장 중요한 것이 119 전화다"라고 말한다면, 저는 동의하지 않을 것입니다. 기도가 119의 역할을 할 때가 있습니다만, 기도는 그 이상입니다.

기도를, 하나님을 조종하는 리모컨으로 여기는 사람도 있습니다. 그것은 기도를 완전히 오해한 것입니다.

기도를, 인터넷에서 상품을 주문하는 일과 비슷한 것으로 생각하는 사람도 있습니다.

기도를 마법처럼 생각하는 사람도 있습니다. 손오공이 여의봉을 흔드는 것처럼, 도깨비가 방망이를 내리치는 것처럼, 내가 원하는 것을 얻어내는 수단으로 기도를 오해합니다.

또는 기도를 넋두리로 생각하는 사람도 있습니다. 누가 듣든지 말든지, 그냥 답답하여 마음을 털어놓는 일로 오해합니다.

어떤 사람들은 기도를 마음의 안정을 찾기 위한 명상 정도로 생각합니다.

이 모든 요소가 기도 안에 있지만, 이 모든 것을 합해도 기도를 제대로 이해했다고 할 수 없습니다. 기도를 이렇게 생각한다면, 기도는 있으면 좋고 없어도 크게 아쉽지 않은, 장식품이나 기호품 같은 것이 되고 맙니다.

참된 의미에서 기도는 하나님과의 사귐입니다. 사귐은 지속적으로 만남으로써 일어나는 일입니다. 한두 번 만난 것을 가지고 사귐이라고 하지 않습니다. 또한 사귐은 서로 주고받는 인격적인 소통입니다. 그래서 사귐은 사랑과 신뢰와 존경이 있어야 일어납니다. 친구 사이든 남녀 사이든, 서로 좋아야 사귐이 이루어집니다. 두 사람이 사귀다 보면, 대화할 때도 있고, 부탁할 때도 있으며, 싸울 때도 있고, 웃을 때도 있으며, 울 때도 있고, 말없이 손잡고 있을 때도 있습니다. 그 모든 것이 사귐의 과정입니다. 그렇게 사귀는 동안 두 사람은 더 깊게 사랑하게 되고, 사랑이 깊어지는 만큼 두 사람은 서로 닮게 됩니다. 진실한 사귐을 나누는 부부는 얼굴 생김새가 전혀 달라도 왠지 모르게 닮아 있습니다. 같이 살기는 하지만 사귐이 없는 부부는 백 년을 함께 살아도 닮지 않습니다. 그것이 사귐입니다. 기도는 이렇게 하나님과 사귐을 나누는 것입니다.

그렇다면, 왜 하나님과의 사귐인 기도가 인간의 삶에서 가장 중요한 요소 중 하나라고 말하는 것입니까? C. S. 루이스가 표현했듯, 하나님은 인간 안에 두 가지 가능성, 즉 동물적인 차원으로 전락할 가능성과 하나님의 차원으로 솟아오를 가능성을 두셨습니다. 물론, 기독교는 힌두교나 다른 종교처럼 인간이 신이 될 수 있다고 믿지 않습니다. 하지만 하나님은 인간을 지으실 때 당신의 형상을 따라 지으셨습니다. 인간의 타락으로 인해 그 형상이 깨어지고 희미해졌습니다. 그것을 그대로 방치해 두면 동물적인 차원으로 전락하는 것이고, 예수 그리스도 안에서 하나님의 형상이 회복되면 하나님의 차원으로 솟아오릅니다.

  인간이 인간 되는 것은 바로 우리에게 주어진 하나님의 형상이 오롯이 회복될 때 이루어집니다. 그 형상은 한번 회복되면 그대로 있는 것이 아닙니다. 그 형상이 더 선명해지도록 매일같이 힘써야 합니다. 그것은 참선과 수양으로 되는 것이 아니라, 예수 그리스도의 은혜 안에서 하나님과 사귐으로써만 됩니다. 하나님과 사귀지 않고는 하나님을 닮아 갈 수 없습니다.

  '아, 나는 동물의 수준으로 전락하고 싶지도 않지만, 하나님의 차원으로 솟아오르고 싶지도 않다. 그냥 인간의 차원에 머무는 것으로 만족한다'라고 생각하는 사람이 있을지 모릅니다. 하지만 인간의 차원에 그대로 머물러 있을 수는 없습니다. 하나님의 차원으로 솟아오르지 않으면, 동물의 차원으로 전락하게 됩니다. 둘 중 하나만 가능합니다. 인간 만사가 그렇습니다. '현상 유지'라는 말이 있지만, 실은 그것이 가능하지 않습니다. 조금이라도 진보하니까 현상 유지처럼 보이는 것입니다. 진보하지 않으면 퇴보하는 것입니다. 이처럼, 인간은 하늘로 솟아오르지 않으면 땅으로 내려갑니다. 하늘로 솟아오르지 못하고 동물적인 차원으로 전락하면, 타락한 마음이 동물적 본성을 사로잡기 때문에 결국 단순히 '동물'(animal)이 아니라 '짐승'(beast)이 될 위험에 노출됩니다. 그 증거를 우리는 매일 아침 신문에서 쉽게 찾을 수 있습니다.

어느 월요일 아침의 일입니다. 신문을 펼쳐 읽는데, 하나같이 인간의 비열한 범죄 이야기뿐입니다. 성 범죄, 정치인의 거짓말, 사업가의 비리, 교사의 부정 등, 그날은 정도가 특별히 심각해 보였습니다. "아니, 오늘 신문은 왜 이래? 도대체 역겨워서 읽을 수가 없네!"라고 혼잣말을 했습니다. 그랬더니 아내가 이렇게 말합니다. "당신이 지난 일 주일 동안 목회자 학교를 인도하느라고 신문을 읽지 않았잖아요. 한동안 신문을 읽지 않다가 다시 읽으니 그렇게 보이는 거지요. 신문 기사는 항상 그랬고, 세상도 항상 그랬어요." 말을 듣고 보니, 그런 것 같았습니다.

우리는 그 비열함과 역겨움을 느끼지 못할 정도로 인간의 짐승 같은 모습들에 익숙해져서, 웬만한 사건에는 놀라지도 않습니다. 그런데 더 심각한 문제는 우리 자신도 언제든지 그렇게 될 수 있다는 데 있습니다. 누군가가 그랬습니다. "세상에는 두 종류의 사람밖에 없다. 악한 사람과 악해질 기회를 아직 얻지 못한 사람!" 인간은 모두가 잠재적 범죄자라는 뜻입니다. 인간의 본성과 존재를 정확히 꿰뚫어 본 말입니다. 자신에게서 문득 비열한 짐승의 그림자를 보고 두려워 떠는 사람은 정직한 사람입니다. 그것을 부정한다면, 그는 정직하지 못할 뿐 아니라, 아주 위험한 사람입니다. 하나님과의 끊임없는 사귐을 통해 하늘로 솟아오르지 않으면, 우리는 언제든지 추하게 넘어질 수 있습니다.

마음으로 마음을 전하는

기도가 중요한 이유가 여기에 있습니다. 짐승의 차원으로 떨어지는 것을 원치 않는다면, 즉 하나님의 형상을 회복하여 하늘로 솟아오르기 원하는 사람이라면, 기도를 제일 중요하게 여겨야 합니다.

예수님도 기도를 제일 중요하게 여기셨습니다. 네 개의 복음서, 특히 누가복음은 예수님이 기도하셨다는 사실을 부각시키고 있습니다. 그분은 본격적인 사역을 시작하기에 앞서 40일 동안 금식하며 기도하셨습니다. 또 그분은 십자가에서의 죽음을 앞에 두고 겟세마네 동산에서 밤이 늦도록, 땀방울이 핏방울처럼 보일 정도로 깊게 기도하셨습니다. 십자가에 달려 돌아가실 때 그분이 하신 일곱 개의 말씀이 전해지고 있는데, 그 중 세 개는 기도입니다.

> 나의 하나님, 나의 하나님, 어찌하여 나를 버리셨습니까?(마 27:46)

> 아버지, 저 사람들을 용서하여 주십시오. 저 사람들은 자기네가 무슨 일을 하는지를 알지 못합니다.(눅 23:34)

> 아버지, 내 영혼을 아버지 손에 맡깁니다.(눅 23:46)

주님은 공생애를 기도로 시작하셨고, 기도로 마치신 것입니다. 뿐만 아니라, 사역을 하시는 동안에도 늘 기도하셨습니다. 열두 제자를 뽑을 때도 먼저 기도하셨습니다(눅 6:12). 제자들을 전도 여행에 보내고 나서 기도하셨습니다(눅 10:17-20). 이른 아침에 한적한 곳에서 기도하셨고, 밤이 늦도록 기도하셨습니다. 끊임없이 찾아오는 사람들로 인해 숨 쉴 겨를도 없었지만, 기도하는 시간만큼은 결코 소홀히 하지 않으셨습니다. 주님은 기도로 일을 준비했고, 기도로 시작했으며, 기도하며 일했고, 끝나고 나서도 기도하셨습니다.

이 대목에서 "그거야, 예수님이니까 당연히 그러시겠지요. 우리 같은 보통 사람과 같습니까?"라고 말할 사람이 있을 것입니다. 기독교인들은 어떤 신앙적인 요구 앞에서 이런 식으로 핑계를 대며 회피할 구멍을 찾습니다. "그건 예수님이니까…" "나는 목사도 아니고 선교사도 아니니…" 이런 식입니다.

하지만 곰곰이 생각해 보면, 예수님이 이토록 자주, 이토록 깊게, 이토록 진하게 기도하셨다는 것은 당연한 일이 아니라 이상한 일입니다. 예수님은 하나님의 아들로 보냄을 받은 분이 아닙니까? 그분은 하나님의 지혜와 권세와 능력이 충만했습니다. 기도가 초월적인 능력을 구하는 것이라면, 예수님은 기도하지 않아도 되었을지 모릅니다.

그런데도 예수님은 기도를 제일 중요한 것으로 여기는 사람처럼 행동하셨습니다. 식사를 거르는 한이 있어도 기도는 거르지 않으셨습니다. 충분히 기도하기 위해서 잠자는 시간도 줄이셨습니다. 왜 그러셨을까요? 기도가 약해지는 만큼 하나님과의 관계가 느슨해지기 때문입니다. 예수님의 목적은 큰 능력을 행하는 데 있지 않았습니다. 하나님의 뜻을 행하는 데 있었습니다. 그렇기 때문에 성부 하나님과 깊은 사귐을 나누는 일을 가장 우선적인, 가장 중요한 일로 삼았습니다. 그래야만 하나님과 이심전심(以心傳心)으로 통하는 상태에 있을 수 있었기 때문입니다. 그런 상태에서만 자신에게 주어진 능력과 권세를 올바르게 사용할 수 있음을 주님은 아셨습니다.

'이심전심', 즉 '마음으로써 마음을 전한다'는 말은 불교에서 나온 말입니다. 스승과 제자가 서로 대면하여 말없이 마음으로만 가르침을 주고받는 것을 가리킵니다. 불교에서 전하는 바에 따르면, 어느 날 석가세존이 설법하기 위해 제자들 앞에 서더니, 아무 말 없이 한참을 있다가 꽃을 하나 꺾어 제자들에게 보여 주었습니다. 제자들이 모두 무슨 뜻인지 몰라 어안이 벙벙해 있는데, 가섭이라는 제자만이 스승을 향해 활짝 웃었다고 합니다. 스승이 꽃을 꺾어 든 이유를 알았던 것입니다. 이렇듯, 말을 하지 않아도 그 사람의 마음을 아는 상태를 가리켜서 '이심전심'이라고 합니다.

이것은 스승과 제자만이 아니라, 친구 관계에서도, 부부 관계에서도 일어날 수 있는 일입니다. '마음이 통하는 친구'를 한자로 '지기'(知己)라 하고, 영어로는 confidant라고 합니다. 기도가 추구하는 것이 바로 이것입니다. 하나님과의 깊은 사귐을 통해 그분의 뜻이 저절로 느껴지는 상태에 이르는 것입니다. 기도가 예수님께 제일 중요한 일이었던 이유가 여기에 있습니다.

제자로 부름받아 예수님과 동고동락했던 사람들이 있었습니다. 그들 중 한 사람이 어느 날 예수님께 이렇게 청합니다.

주님, 요한이 자기 제자들에게 기도하는 것을 가르쳐 준 것과 같이, 우리에게도 그것을 가르쳐 주십시오.(눅 11:1)

그 제자들은 모두 유대교인이었습니다. 그들은 유대교 전통에 따라 기도에 대해 배웠습니다. 그래서 처음에는 예수님도 그들처럼 기도하시는 줄 알았습니다. 하지만 그분과 함께 살면서 그분의 기도에는 뭔가 특별한 것이 있음을 알아차리게 되었습니다. 그분의 기도는 당시 내로라하던 율법학자들의 기도와 뚜렷이 달랐습니다. 무엇이 어떻게 다른지, 제자들은 진지하게 따져 보았을 것입니다. 상당한 기간 동안 관찰하며 분석해 보았을 것입니다. 그렇게 해도 만족할 수가 없었습니다. 주님이 무엇을 어떻게 기도하시는지, 터놓고 이야기하며 배우고 싶었습니다. 그래서 이 같은 질문을 던진 것입니다.

이 질문을 한 제자가 누구인지 모르지만, 다른 열한 제자는 그 제자에게 속으로 감사했을 것입니다. 학교 다닐 때 누구나 한두 번 경험하는 일입니다. 뭔가 궁금한 것이 있는데, 막상 손을 들어 질문할 용기가 없어서 망설이고 있는데, 누군가가 내 질문과 동일한 질문을 할 때, 그 아이가 얼마나 고맙습니까? 열한 제자의 심정이 그랬을 것입니다. 그것을 예수님이 모르셨을 리 없습니다. 어쩌면 그때를 기다려 오셨는지도 모릅니다. 그분은 마치 그때를 위해 준비해 두셨다는 듯 "너희는 기도할 때에, 이렇게 말하여라"라고 대답하십니다.

주님의 마음이 담긴 기도

'주기도'가 이렇게 하여 우리에게 전해졌습니다. 한국 교회에는 안수받은 목사가 없을 때 축도 대신 주기도문으로 예배를 마치는 전통이 있습니다. 이런 전통으로 인해 자주 암송되다 보니, 마치 '주문'(spell)처럼 취급되는 경우가 있습니다. '주문'은 '주기도문'의 약자가 아닙니다. 예수님이 이 기도문을 가르쳐 주신 이유는 주문처럼 외우라는 것이 아닙니다. 하나님과 이심전심의 사귐 안에 들어가려면 어떤 자세로 기도해야 하는지 그리고 무엇을 구해야 하는지를 가르쳐 주기 위한 것입니다.

그러므로 우리는 이 기도문을 암송하는 것으로 그쳐서는 안 됩니다. 그 기도를 통해 참된 기도가 어떤 것인지 배워야 합니다. 우리가 드리는 모든 기도가 주께서 가르치신 기도와 맥을 같이해야 합니다. 그래야만 우리가 예수님을 닮아 갈 수 있고, 하나님의 성품에 참여할 수 있고, 참된 인간이 될 수 있습니다.

저는 이 책에서 주님이 가르치신 기도문을 한 구절씩 짚어 가면서 독자들과 함께 기도에 대해 배우려 합니다. 이 기도문은 누가복음 11:2-4과 마태복음 6:9-13에 나옵니다. 우리가 보통 암송하는 주기도문은 마태복음을 따른 것입니다. 공적 예배에서 마태복음의 주기도를 고백하는 것은 고대 교회로부터 이어져 온 전통이었습니다. 언어나 형식에서 마태복음 본문이 예전에 더 적합하다고 판단했을 것입니다. 누가복음 11장에 나오는 기도문은 우리가 알고 있는 기도문보다 짧은데, 이것은 이방인 독자들을 위해서 쓰였기 때문입니다.

기도 안에 그 사람이 담겨 있습니다. 기도하는 사람의 마음에 있는 것이 기도에 담기기 때문입니다. 기도를 보면 그 사람이 보입니다. 무엇을 고민하고 있으며, 무엇을 목표로 살고 있고, 무엇을 귀하게 여기는지를 알 수 있습니다. 당신이 진실하게 기도하고 있다면, 기도에 담은 것이 무엇인지 적어 놓고 살펴보시기 바랍니다. 당신의 영적 상태가 어떠한지를 파악할 수 있을 것입니다. 언제나 같은 것을 구하고 있다면, 그 사람의 영적 상태는 언제나 같은 상태에 있다는 뜻입니다. 진정한 영적 성장은 기도를 달라지게 합니다.

독일 시인 라이너 마리아 릴케는 많은 기도시를 남겼습니다. 그 기도문에는 릴케의 내면이 그대로 담겨 있습니다. 제가 좋아하는 기도 중 하나가 이렇습니다.

제 눈을 감겨 주소서. 주님을 볼 수 있도록.
제 귀를 막아 주소서. 주님의 음성을 들을 수 있도록.
발이 묶여도 저는 주님께 가렵니다.
혀가 없어도 주님께 기도하렵니다.
제 팔을 꺾어 주십시오. 주님을 껴안도록.

손으로 잡듯, 제 마음으로 주님을 잡도록.
제 심장을 결박하소서. 그러면 제 뇌가 박동할 것입니다.
제 뇌에 불을 붙이시면
저는 뇌에서 흐르는 핏줄기로 주님을 전하겠습니다.

문학가로서 혹은 사상가로서 하늘의 진리를 깨닫고 그 진리를 온전히 전하고 싶은 간절한 마음을 읽을 수 있습니다. 이 기도문만으로도 우리는 릴케라는 시인이 어떤 사람이었는지를 짐작할 수 있습니다. 이렇듯, 진실한 기도에는 그 사람의 내면 세계가 담겨 있게 마련입니다.

주기도에는 우리 주님 예수 그리스도의 마음이 담겨 있습니다. 그 안에는 또한 당신을 믿는 사람들의 마음에 담기기를 바라시는 것들이 담겨 있습니다. 그래서 이 기도문이 우리에게 소중합니다. 예수님이 가르치시려는 모든 말씀이 이 기도문 안에 수정처럼 농축되어 있습니다. 만일 우리가 성경을 읽을 수 없는 상황에 처한다면, 주기도 하나만 암송하고 있어도 예수 그리스도의 참 제자가 될 수 있습니다. 다만, 그냥 기계적으로 암송하는 것이 아니라, 그 내용과 정신을 알아야 합니다. 그렇게 꾸준히 기도하고, 기도하는 것처럼 살면, 우리는 예수님을 점점 닮아 갈 것이며, 하나님의 성품에 참여하게 될 것입니다.

서울의 어느 대형 서점에 걸려 있는 글귀를 기억합니다. "사람이 책을 만들고, 책이 사람을 만든다." 이 말은 기도에도 적용됩니다. 사람이 기도합니다. 그 기도에는 그 사람의 마음이 담깁니다. 하지만 좋은 기도는 또한 사람을 만듭니다. 기도할 때 성경 말씀을 읽는 것이 중요한 이유가 여기에 있습니다. 말씀을 통해 기도가 달라지면, 그 기도가 우리를 새롭게 빚어내기 때문입니다. 또한 영적으로 우리보다 앞선 사람들이 남긴 기도문을 읽고 기도하는 것이 필요합니다. 제가 몇 년 전에 「사귐의 기도를 위한 기도선집」(IVP)을 펴낸 것은 바로 이런 이유 때문이었습니다. 그런데 주기도는 인류 역사에 남겨진 기도들 가운데 최고의 기도입니다. 이 기도를 제대로 이해하고 끊임없이 기도한다면, 이 기도는 우리를 변화시킬 것입니다. 우리 주님 예수 그리스도를 닮아 가도록 만들 것입니다.

부디, 우리가 하는 일 가운데 기도가 가장 중요한 위치로 회복되기를 바랍니다. 우리의 기도 안에 들어 있는 자신을 발견하고, 영적 성장의 길로 나아가기를 바랍니다. 바른 기도를 통해 하나님과의 참된 사귐을 누리고, 그로 인해 예수님을 닮아 가고 하나님의 성품에 참여하게 되기를 바랍니다. 그리하여 우리에게 주어진 동물성을 딛고 하늘로 솟아오르기를 바랍니다. 우리 안에 하나님의 형상이 회복되기를 기도합니다. 거룩하고 아름다운 '인간다움'이 우리 삶에 온전히 이루어지기를 간절히 소망합니다.

주님,
저희로 기도하게 하소서.
주님처럼 기도하여

주님 닮게 하소서.
주님의 기도로써
저희를 새롭게 빚어 주소서.
아멘.

묵상과 토의 문제

1_ 당신의 삶에서 기도는 얼마나 중요한 위치에 있습니까? 당신은 기도가 가장 중요하다는 말에 동의합니까?
2_ 당신이 기도하는 내용을 살펴보십시오. 기도에 담긴 당신의 모습은 어떠합니까?
3_ 당신은 그동안 주기도에 대해 어떻게 생각해 왔습니까? 주기도를 대하는 태도에서 무엇을 고쳐야 하겠습니까?

2. 나의 하나님은 너무 작다

"하늘에 계신"

누구 앞에 서 있는지

린든 존슨 대통령 시절의 이야기입니다. 어느 날, 존슨 대통령이 보좌관들과 함께 백악관에서 식사를 하게 되었습니다. 미국에서 가장 신뢰받는 언론인으로 평가받는 빌 모이어스가 당시 백악관 대변인이었는데, 대통령이 모이어스에게 식사 기도를 부탁했습니다. 일제히 눈을 감자 모이어스가 기도를 시작하는데, 음성이 너무 작은 겁니다. 그러자 다혈질로 유명한 존슨 대통령이 중간에 소리칩니다. "빌, 더 크게 기도해요! 잘 안 들려요." 그러자 모이어스가 대답합니다. "각하, 저는 각하께 말하고 있는 것이 아닙니다."

기도는 하나님께 하는 것입니다. 기도하는 사람이 하나님을 생각하지 않는다면, 그것은 기도가 아닙니다. 명상, 참선 혹은 불교에서 요즘

유행하는 말로 '마음 공부'에 그칩니다. 참된 기도에는 명상과 마음 공부의 요소도 있지만 그 이상입니다. 기도가 그 이상인 이유는 하나님을 상대로 하는 것이기 때문입니다. 그러므로 제대로 기도하기 위해서는 먼저, 기도로써 마주하는 하나님이 어떤 분인지 알아야 합니다. 기도하면서 하나님을 생각하지 않는 것도 잘못이며, 하나님을 제멋대로 오해하고 기도하는 것도 문제입니다. 신약 성경에 대한 현대어 번역으로 유명한 필립스(J. B. Philips)는 기독교의 현대 고전으로 여겨지는 책 「네 하나님은 너무 작다」(*Your God Is Too Small*, 규장)에서, 현대인들이 보통 알고 있는 하나님이 실제 하나님에 비해 너무나 작다는 사실을 지적합니다.

이것은 믿지 않는 사람들의 문제가 아닙니다. 잘 믿는다고 생각하는 사람들도 실상은 별로 다르지 않습니다. 자신이 믿는 하나님이 누구신지에 대해 진지하게 씨름해 보지 않고, 자라면서 우연히 형성된 하나님 상을 실제 하나님으로 착각하고 살아갑니다. 많은 사람들이 하나님을 자기 좋을 대로 상상합니다. 가령, 언제나 우리를 따라다니면서 감시하는 '하늘의 경찰관', 칭찬에는 인색하고 꾸짖기만 좋아하는 '하늘의 엄한 아버지', 어떤 응석이든 받아주는 '이 빠진 할아버지', 혹독하게 우리를 훈련시키는 '하늘의 교도관', 혹은 무심하게 지켜만 보는 '돌부처'로 생각합니다.

이와 같이 '우리가 알고 있는 하나님'이 성경에서 계시된 하나님, 예수 그리스도를 통해 계시된 하나님, 그리고 기독교 2천 년 전통을 통해 계시되고 확인되고 체험된 하나님과 다른 경우가 많습니다. 그런데 우리는 '우리의 하나님 상'에 대해 진지하게 씨름하지 않고도 하나님을 충분히 알고 있다고 전제합니다. 자라면서 그 하나님 상에 조금이라도 도전이 오면, 더 많이 기도하고 말씀을 연구하여 자신이 알고 있던 하나님 상을 다시 검토하기보다는 눈 질끈 감고 그 하나님 상만 붙들고 있습니다.

하나님이 존재하지 않는다고 주장하는 무신론자들도 마찬가지입니다. 그들은 성경의 하나님 혹은 예수 그리스도의 하나님을 부정하는 것이 아니라, 그들이 하나님이라고 생각하는 '그것' 혹은 기독교인들이 하나님이라고 생각하는 '그것'을 부정하는 것입니다. 기독교가 믿는 하나님에 대해 충분히 알아보고 '아, 이건 믿을 수 없어!'라고 결론지은 사람이 있다면, 저는 그 사람의 말에 귀 기울여 볼 마음이 있습니다. 하지만 무신론을 주장하는 대부분의 사람들은 그렇지 않습니다.

우리 시대에 가장 신뢰받는 신학자인 톰 라이트(Tom Wright)가 옥스퍼드 대학교에서 가르칠 때의 일입니다. 1학년 학생들을 대상으로 "기독교 개론"을 가르치는데, 어느 학생이 손을 들고 말하더랍니다. "교수님, 저는 하나님을 믿지 않습니다. 그런 제가 이 과목에서 얻을 것이 있습니까?" 톰 라이트가 그 학생에게 대답합니다. "그래? 자네가 생각하는 하나님이 어떤 존재인지 설명해 줄 수 있겠나?" 그러자 그 학생은 머뭇거리면서 그동안 주워들은 하나님에 대해 이야기합니다. 그 이야기를 다 듣고는 톰 라이트가 이렇게 대답했다고 합니다. "그런 하나님이라면 나도 믿지 않네. 그것은 기독교가 가르치는 하나님과 전혀 상관없는 믿음이네. 어디, 기독교가 가르치는 하나님 그리고 내가 믿는 하나님 이야기를 들어 보지 않겠나?"

다 알 수 없어도 나 알아 가리라

당신은 어떤 하나님을 믿고 있습니까? 당신이 하나님이라고 생각하는 상이 성경에 계시된 하나님과 일치한다고 믿습니까? 예수 그리스도께서 삶과 죽음과 부활을 통해 드러내신 그 하나님과 일치한다고 믿습니까? 당신이 알고 있는 하나님이 실제 하나님일지, 진지하게 따져 보셨습니까? 믿음의 이력이 쌓이면서 당신의 하나님 상은 계속 변모했습니까? 아니면 5년 전, 10년 전에 믿던 그대로 믿고 있습니까? 하나님에 대해 알 만큼 알고 있다고 자신하십니까? 아니면, 그런 질문이야 목사가 하는 것이고, 나는 목사가 설교하는 대로 믿으면 된다고 생각하십니까?

    우주가 매우 광대하여 인간의 좁은 이해력으로는 그 전모를 다 알 수 없는 것과 마찬가지로, 하나님은 우리 인간으로서는 다 알 수 없는 존재입니다. 게다가, 하나님은 영이시고 우리는 물리적인 한계에 갇혀 있습니다. 인간이 하나님을 더듬어 안다는 것은 마치 물 속에 사는 애벌레가 하늘을 나는 나비의 세계를 더듬어 아는 것과 같은 일입니다. 인간이 더듬어 하나님을 알 가능성은 없습니다. 하나님이 인간에게, 인간이 이해할 수 있는 방식으로 계시해 주실 때에만, 우리가 하나님을 알 가능성이 열립니다. 기독교는 이 점에서 다른 종교와 차이를 가집니다. 우리는 우리가 연구하여 찾은 하나님을 전하지 않습니다. 인류 역사를 통해, 이스라엘을 통해, 예수 그리스도를 통해 그리고 교회를 통해 계시된 하나님을 믿고 그 하나님을 전합니다.

우리에게 주어진 계시를 다 이해한다 해도, 하나님에 대해 완전히 아는 것은 불가능합니다. 우리에게 주어진 계시는 하나님에 대해 인간이 이해할 수 있는 만큼에 해당하기 때문입니다. 하나님 전체를 100이라고 한다면, 계시는 그 중의 1도 되지 못할 것입니다. 시간과 공간의 한계에 갇혀 있는 인간에게 하나님은 신비입니다. 하나님을 완전히 아는 일은 우리가 육신을 입고 있는 한 가능하지 않습니다. 이 대목에서 생각나는 바울 사도의 말씀이 있습니다.

> 지금은 우리가 거울로 영상을 보듯이 희미하게 보지마는,
> 그 때에는 얼굴과 얼굴을 마주하여 볼 것입니다.
> 지금은 내가 부분밖에 알지 못하지마는,
> 그 때에는 하나님께서 나를 아신 것과 같이,
> 내가 온전히 알게 될 것입니다.(고전 13:12)

따라서 참된 믿음을 갖기 원하는 사람은, 다 알 수 없는 하나님을 끊임없이 알아 가려는 '영적 탐구심'과 자신이 아는 하나님에 대한 '영적 겸손'을 함께 지니고 살아야 합니다. 요즈음 많이 부르는 찬양 중에

"다 알 수 없어도 나 알아 가리라"는 가사가 있는데, 그것이 하나님을 제대로 믿으려는 사람의 마음가짐입니다. 그러한 사람만이 하나님을 제대로 알아 갈 수 있고, 하나님을 제대로 아는 만큼 우리의 기도는 달라질 것입니다.

기도가 우리에게 필요한 것을 얻어내는 수단이라면 하나님을 제대로 알 필요가 없습니다. 우리는 어떤 물건이 필요할 때, 그 물건을 파는 가게를 찾아갑니다. 가게 주인이 어떤 사람인지는 관심이 없습니다. 내가 원하는 물건이 그 가게에 있는지만이 중요합니다. 마찬가지로, 하나님에게서 내가 원하는 것을 얻어내는 것이 기도의 목적이라면, 하나님에 대해 알 필요를 느끼지 않을 것입니다.

많은 그리스도인들이 하나님에 대해 관심이 없는 이유가 여기에 있는지 모릅니다. 착실히 교회 생활을 하는 사람들 중 "당신이 믿는 하나님은 어떤 분입니까?"라고 물으면, 제대로 대답할 사람이 얼마나 되는지 의문입니다. 저의 교회 경험으로는 그렇게 많지 않습니다. 하나님을 예배하고 하나님께 기도하지만, 정작 하나님께는 관심이 없습니다. 하나님에게서 얻어낼 것에 더 관심이 많기 때문입니다. 우리는 그분의 얼굴을 보려 하지 않습니다. 그분의 손에 무엇이 들려 있는지만을 봅니다.

하늘에 계신 하나님

앞 장에서도 강조했듯, 기도는 사귐입니다. 기도할 때 우리는 하나님의 손을 볼 것이 아니라 그분의 얼굴을 보려고 힘써야 합니다. 우리가 기도로써 사귀는 하나님이 어떤 분인지, 끊임없이 물으면서 더 온전히 믿기 위해 힘써야 합니다. 누군가를 만나서 사귀다 보면, 그 사람을 점점 더 깊이 알게 되고, 아는 깊이에 따라 사귐의 내용과 방식이 달라지는 것과 마찬가지입니다. 하나님께 드리는 기도의 내용도 달라지고, 그분을 대하는 태도도 달라집니다.

후안 까를로스 오르띠즈(Juan Carlos Ortiz)는 우리가 드리는 대부분의 기도는 하늘 나라에서 '정크 메일'(junk mail)로 취급당한다고 했는데, 그것은 하나님이 누구인지 생각하지 않고 기도하거나 하나님을 자기 좋을 대로 생각하고 기도하기 때문에 생기는 일입니다. 하나님을 제대로 알아 가면서 기도한다면, 그분은 마치 러브레터를 대하는 연인의 마음으로 우리의 기도들을 열어 보실 것입니다.

이런 점에서 "하늘에 계신…"이라는 말로 기도를 시작하는 것은 아주 적절한 일입니다. 영어 주기도문은 'Our Father'로 시작하지만, 우리말 주기도문은 '하늘에 계신'으로 시작합니다. 헬라어에서는 주기도문의 첫 문장이 '파테르 헤몬'으로 시작합니다. 직역하면 '우리 아버지'가 됩니다. 예수님이 사용하신 아람어에서도 '아버지'가 제일 먼저 나옵니다. 이런 까닭에 주기도에 대한 영어 해설서를 보면, 'Our' 혹은 'Our Father'를 가장 먼저 다룹니다. 원문의 어순을 따르자면 '아버지'라는 말을 가장 먼저 다루어야 하겠지만, 저는 우리말 번역에 따라 '하늘에 계신'이라는 말을 가장 먼저 다루려 합니다. 생각해 보면, 그것이 더 논리에 맞는 것 같아 보입니다. 예수님이 하나님을 향해 '아버지'라고 부르실 때, 그 하나님이 '하늘에 계신' 것을 전제하고 말씀하셨을 것이기 때문입니다.

예수님이 전해 주신 주기도의 원래 형태에는 '하늘에 계신'이라는 어구가 없었을 것이라고 추정하는 학자들이 많습니다. 초대교회 사람들이 첨가했을 가능성이 크다는 것입니다. 이런 주장 때문에 주기도를 연구하면서 이 어구를 제외하는 사람들도 있습니다.

하지만 저는 이 어구를 매우 중요하게 다루어야 한다고 생각합니다. 혹시 초대교회에서 첨가한 것이라 해도, 그것은 예수님의 의도를 가리거나 그르치는 것이 아니라, 오히려 예수님의 의도를 더 분명하게 드러낸 것이기 때문입니다. 우리는 주기도를 연구하면서 '원래 형태'(original form)를 찾으려 할 것이 아니라 '원래 의도'(original intention)를 찾으려고 노력해야 합니다. 복음서에 기록된 예수님의 말씀을 고려한다면, 하나님을 생각하면서 '하늘에 계신'이라고 말하는 것은 예수님의 의도에 일치합니다.

헬라어 원문을 직역하면, '하늘들에 계신'이 됩니다. 예수님이 이 기도문을 가르쳐 주셨을 때는 헬라어가 아니라 아람어를 사용하셨을 것입니다. 아람어와 히브리어는 마치 독일어와 네덜란드어처럼 같은 뿌리에서 나온 언어입니다. 아람어와 히브리어에서는 큰 것을 가리킬 때 복수형을 씁니다. '물들'이라고 하면 '바다'라는 뜻이 됩니다. 하늘도 인간이 보기에는 너무도 크기 때문에 '하늘들'이라고 복수형을 사용하여 표현했습니다. 그렇다면, '하늘에 계신'이라고 단수형으로 번역해도 의미에는 큰 손상이 없습니다.

예수님에 따르면, 우리 하나님은 하늘에 계십니다. 이것이 과연 무슨 뜻일까요? 하나님은 이 땅에는 계시지 않고, 저 우주 공간 어디엔가 계시다는 뜻일까요? 첫 번째 우주 여행을 하고 돌아와서 "아무리 둘러보아도 우주에 천국은 없더라"라고 말했던 유리 가가린처럼 생각해야 합니까? 최근에 가가린의 친구가 고백하기를, 가가린은 이런 말을 하지 않았다고 합니다. 당시, 스탈린 정부가 종교를 억압하기 위해서 그 말을 만들어 가가린이 말한 것처럼 조작했다는 것입니다. 사실이 어찌되었든, 그렇게 생각하는 사람이 있다면, 그 천국은 성경이 말하는 천국 그리고 예수님이 계시하신 천국은 아닙니다.

영어에서 'heaven'과 'sky'가 약간 다르게 쓰입니다. 우리말에서 '하늘'과 '창공'이 다르게 쓰이는 것과 같습니다. 영어의 'sky' 그리고 우리말의 '창공'은 물리적인 공간을 말합니다. 구름이 떠다니고 새들이 날아다니며 별과 달이 떠 있는 공간을 가리키는 말입니다. 반면, 영어의 'heaven' 그리고 우리말의 '하늘'은 물리적인 공간을 가리킬 때도 있지만, 비유적인 의미로 쓰일 때도 많습니다. 비유적으로 쓰일 때 'heaven'과 '하늘'은 인간의 영역을 초월하는, 신의 영역을 가리킵니다. 히브리어와 헬라어에서도 '하늘'을 두 가지 의미로 구분해서 사용합니다. 따라서 성경에서 "하나님은 하늘에 계시다"라고 말할 때, 그 '하늘'은 구름이 떠다니는 창공도 아니고, 수많은 은하계가 운행하고 있는 우주한 구석도 아닙니다. 하나님이 계신 '하늘'은 그 모든 것을 포함하지만 그 모든 것을 넘어서는 '하나님의 영역'을 가리킵니다.

그분이 누구인지 알면

전도서 5장의 첫 두 절은 이 점에서 아주 의미심장합니다. 전도자는 하나님께 예배하러 갈 때 혹은 하나님 앞에서 기도할 때 각별히 조심하도록 경고하면서 다음과 같이 말씀합니다.

> 하나님 앞에서 말을 꺼낼 때에,
> 함부로 입을 열지 말아라.
> 마음을 조급하게 가져서도 안 된다.
> 하나님은 하늘에 계시고,
> 너는 땅 위에 있으니,
> 말을 많이 하지 않도록 하여라.(2절)

왜 하나님 앞에서 말을 꺼낼 때에 조심해야 합니까? 왜 함부로 입을 열지 말라고 하십니까? 마음을 조급하게 가져서 실수해서는 안 되는 이유가 무엇입니까? 하나님은 하늘에 계시고, 우리는 땅에 있기 때문입니다. 즉, 하나님과 인간은 전적으로 차원이 다른 존재라는 뜻입니다. 여기서 '땅'은 지구를 말하는 것이 아니라 인간의 피조성과 한계성을 가리킵니다. '하늘'은 창공이나 우주를 가리키는 말이 아니라, 창조주의 영원성과 절대성을 가리킵니다. 땅에 있는 사람들이 볼 때 하늘은 감히 상상할 수도 없이 크고 넓은 것처럼, 인간에게 하나님은 감히 그 앞에 서기에도 두려울 만큼 위대하시고 완전하시며 거룩하시고 영원하신 분입니다. 그렇기 때문에 그분 앞에서 입을 열 때 조심하라는 뜻입니다.

하나님이 어떤 분인지 안다면, 그분 앞에서 우리는 항상 무장 해제된 포로와 같은 심정이어야 합니다. 그분을 속일 방법은 없습니다. 그분은 우리가 알지 못하는 마음 깊은 곳까지 다 헤아리고 계십니다. 우리의 모든 행동과 말과 생각을 아십니다. 그러므로 그분 앞에 설 때는 마치 MRI 기계에 전신을 내맡기듯, 우리의 모든 것을 내놓고 마주해야 합니다. 그래서 전도서 5:1은 이렇게 말씀합니다.

> 하나님의 집으로 갈 때에,
> 발걸음을 조심하여라.
> 어리석은 사람은
> 악한 일을 하면서도 깨닫지 못하고,
> 제물이나 바치면 되는 줄 알지만,
> 그보다는 말씀을 들으러 갈 일이다.

일상생활에서 악한 일을 하면서도 하나님 앞에 제물이나 바치면 되는 줄 안다면, 그 사람은 하나님이 아니라 우상을 섬기는 것입니다. 만일 하나님이 그런 분이라고 생각한다면, 그는 진실로 어리석은 사람입니다. 세상 사람들이 섬기는 잡신은 사람들이 어떻게 사는지에 대해 관심이 없습니다. 자신에게 정성을 바치기만 하면 부도덕하고 악하게 사는 사람에게도 해결책을 마련해 줍니다. 그것이 무당이 섬기는 신이고 점쟁이가 섬기는 신입니다. 그 신들에게는 "제물이나 바치면" 됩니다. 하지만 하나님은 그런 신이 아닙니다. 그분은 제물이 아니라 우리의 마음과 삶을 원하십니다. 적당히 눈 감아 주는 분이 아닙니다. 그러므로 하나님 앞에 설 때 우리는 철저하게 무장 해제되어야 합니다.

하나님이 하늘에 계시다는 말은 하나님이 우리와 얼마나 다른 분인지를 알라는 말입니다. 그분이 누구인지를 알면, 무심하게 혹은 습관적으로 그분 앞에 설 수 없습니다. 전도서 저자가 전하고자 하는 메시지가 바로 이것입니다. 그 옛날, 예언자 이사야는 전능자 하나님에 대해 이렇게 노래했습니다.

누가 바닷물을 손바닥으로 떠서 헤아려 보았으며,
뼘으로 하늘을 재어 보았느냐?
누가 온 땅의 티끌을 되로 되어 보고,
산들을 어깨 저울로 달아 보고,
언덕들을 손저울로 달아 보았느냐?
누가 주님의 영을 헤아릴 수 있겠으며,

주님의 조언자가 되어 그를 가르칠 수 있겠느냐?
...

그에게는 뭇 나라가, 고작해야, 두레박에서 떨어지는 한 방울 물이나,

저울 위의 티끌과 같을 뿐이다.

섬들도 먼지를 들어 올리듯 가볍게 들어 올리신다.

...

그 앞에서는 모든 민족이 아무것도 아니며,

그에게는 사람이란 전혀 없는 것이나 다름이 없다.

...

너희는 고개를 들어서, 저 위를 바라보아라.

누가 이 모든 별을 창조하였느냐?

바로 그분께서 천체를 수효를 세어 불러내신다.

그는 능력이 많으시고 힘이 세셔서,

하나하나,

이름을 불러 나오게 하시니,

하나도 빠지는 일이 없다.(40:12-26)

'하늘에 계신'이라는 말로 기도를 시작할 때 우리는 이 사실을 기억해야 합니다. 지금 우리가 누구 앞에 서 있는지를 명심해야 합니다. 지금 우리가 말을 걸려는 상대가 누구인지 새삼 환기해야 합니다. 기도란 그런 분 앞에 서는 일입니다. 그러므로 기도자에게는 늘 두렵고 떨

림이 있어야 합니다. 무엇인가에 짓눌려서 생기는 두려움을 말하는 것이 아닙니다. 상상할 수 없이 아름다운 것 혹은 거룩한 것을 대면할 때 생기는 경외심을 말하는 것입니다. 그때, 우리는 자신의 초라함을 자각하고 두려움에 사로잡힙니다. 기도로써 '하늘에 계신' 하나님 앞에 설 때 우리는 이 경외감을 가져야 합니다. 우리가 마주한 그분이 누구인지를 진정으로 안다면!

3달러어치의 하나님

진실이 그러함에도 불구하고, 우리는 하나님을 우리에게 편한 정도로 작게 만들어서 믿고 싶어 합니다. 내가 이해할 수 있을 정도의 하나님을 원합니다. 내가 조종할 수 있는 정도의 하나님을 원합니다. 나를 귀찮게 하는 하나님이 아니라, 고분고분 내 말을 들어주는 하나님을 원합니다. 그래서 성경을 읽으면서 자신의 세계관과 논리에 맞지 않는 것들을 모두 제거하려 합니다. 내가 예수님을 따르는 것이 아니라, 예수님으로 하여금 나를 따르게 만듭니다. 내가 성경 말씀에 순종하는 것이 아니라, 성경 말씀이 나에게 순종하게 만듭니다. 고대로부터 늘 그랬지만, 현대에 와서 그런 경향이 더 두드러집니다. 과학 문명의 발달로 인해 인간이 한없이 교만해졌기 때문입니다. 그 결과, 우리는 하나님 앞에 설 때 더 이상 경외감을 느끼지 않습니다. 마음의 옷깃을 여미지 않습니다. 나보다 작은 하나님 앞에서는 그런 감정이 생길 수가 없습니다.

그것은 하나님이 아니라 우상입니다. 그러한 하나님은 나를 편하게 해줄지 모르지만, 나를 변하게 하지는 못합니다. 내가 만든 우상 하나님은 나에게 의미 있을지 모르나, 다른 사람에게는 아무 매력이 없습니다. 그런 하나님은 때로 나를 위로해 줄 수 있을지 몰라도, 나를 구원해 주지는 못합니다. 우상은 사람과 마찬가지로 땅에 있기 때문입니다. 땅에 있는 사람을 구원할 수 있는 것은 오직 하늘에 계신 하나님뿐입니다. 그런 하나님 앞에 서는 것은 위험한 일입니다. 절대자, 지존자, 전능자 하나님 앞에 선다는 것 자체가 숨 막히는 일입니다. 뿐만 아니라, 그 하나님은 언제나 우리의 예상과 기대를 넘어서십니다. 그분은 끊임없이 우리를 놀라게 하시며 부단히 우리를 흔드십니다. 헨리 나우웬(Henri Nouwen)은, 기도는 위험한 것이며, 제대로 기도하기 위해서는 대단한 용기가 필요하다고 말했습니다. 땅에 있는 우리가 하늘에 계신 하나님 앞에 서는 일이기 때문입니다.

그런 용기가 없기에 우리는 하나님을 작게 만들어 섬기려 합니다. 윌버 리스(Wilbur Rees)는 이 같은 숨은 욕망을 "3달러어치의 하나님"(Three Dollars' Worth of God)이라는 시에서 잘 묘사하고 있습니다.

나는 주님의 작은 일부만을 사고 싶습니다.
내 영혼을 깨뜨리지 않을 정도만.
수면을 방해받지 않을 만큼만.
내 인생이 사로잡히지 않을 만큼만.

따뜻한 우유 한 잔만큼이면 됩니다.
내 죄책감을 조금 누그러뜨릴 만큼이면.

나는 3달러어치만 하나님을 사고 싶습니다.
호주머니에 넣을 만큼의 사랑이면 충분합니다.
흑인을 사랑하도록 만들 정도라면,
혹은 이민자들과 사탕무를 주우러 다니게 할 정도라면 곤란합니다.
내 마음을 바꾸지 않아도 될 정도만.
시간이 날 때 교회에 가고 싶은 마음이 들 정도만.
햇볕을 받으며 낮잠을 즐길 수 있을 정도면 됩니다.
나는 변화를 원하는 것이 아니라, 황홀경을 원합니다.
다시 태어나는 것을 원하는 것이 아니라,
모태에 머물러 온기를 즐기며 지내기를 원합니다.

나는 영원의 500그램만 사서 종이 봉지에 담아들고 싶습니다.
그 이상을 사야 한다면,
무르고 돈을 되돌려 받겠습니다.

나는 3달러어치만 하나님을 사고 싶습니다, 제발.
그 중 일부는 궂은 날을 위해 숨겨 두렵니다.
사람들이 알아차릴 정도로 내 안에 심한 변화가 일어나지 않도록.

어떤 책임도 느끼지 않을 만큼만.
사람들이 나를 보고 괜찮은 사람이라고 여길 정도만.

이렇게 3달러어치만 하나님을 살 수는 없을까요?
제발.(저자 번역)

어쩌면 내 마음을 저렇게도 잘 표현했을까 싶지 않습니까? 우리 모두의 마음에는 이 같은 은밀한 바람이 있습니다. 하나님의 존재를 무시하고 살 수도 없고, 그렇다고 그분에게 목덜미를 잡히고 싶지도 않습니다. 하나님에게 붙들려 꿈과 야망을 모두 버려야 했던 사람들의 이야기를 숱하게 들었기 때문에 그분에게 '재수 없이' 붙들리는 불상사가 일어나지 않기를 바랍니다. 하나님을 다 사려면 얼마나 돈이 드는지 모르지만, 3달러 정도만 사서, 내 삶에 장식품으로 만들고 싶습니다.
하지만 어쩝니까? 그것은 하나님이 아니라 우상인 것을!

그분 앞에 서게 하신 은혜

하나님께 기도하면서 "하늘에 계신…"이라고 말할 때, 우리는 그분 앞에서 작아지고 겸손해져 경외심을 느끼는 동시에, 마음 깊이 영예와 감사를 느껴야 합니다. 전능하신 창조주 앞에 서는 자격은 누구에게나 주어지는 것이 아닙니다. 물론, 누구나 전능자 앞에 설 수 있으나,

그분 앞에서 감히 입을 뗄 수 있는 담력은 아무나 가질 수 있는 것이 아닙니다. 예수 그리스도의 보혈로써 죄 씻음을 받은 사람만이 그 담력을 얻습니다. 그래서 우리는 기도할 때마다 "예수 그리스도의 이름으로 기도합니다"라고 말하는 것입니다. 예수 그리스도의 은혜 없이도 전능자 하나님 앞에 설 수 있다고 믿는다면, 그는 하나님이 어떤 분이신지 모르거나 자신이 얼마나 큰 죄인인지 모르는 사람입니다. 그렇게 하나님 앞에 서서 기도한다 해도 소용이 없습니다. 죄로 인해 하나님과의 관계가 막혀 있기 때문에 소통이 되지 않습니다.

예수 그리스도의 은혜에 의지하여 우리는 전능하신 하나님께 나아갈 수 있습니다. 그래서 히브리서는 이렇게 말씀합니다.

> 그러나 우리에게는 하늘에 올라가신 위대한 대제사장이신
> 하나님의 아들 예수가 계십니다.
> 그러므로 우리의 신앙 고백을 굳게 지킵시다.
> 우리의 대제사장은 우리의 연약함을 동정하지 못하시는 분이 아닙니다.
> 그는 모든 점에서 우리와 마찬가지로 시험을 받으셨지만,
> 죄는 없으십니다.
> 그러므로 우리는 담대하게 은혜의 보좌로 나아갑시다.
> 그리하여 우리가 자비를 받고 은혜를 입어서,
> 제때에 주시는 도움을 받도록 합시다. (4:14-16)

이 말씀에서 보듯, 우리는 "하늘에 계신…"이라고 기도할 때마다 전능하신 창조주 앞에서 기도할 자격과 담력을 주신 예수 그리스도의 은혜를 기억해야 합니다. 그것을 기억하면, 하나님 앞에 서 있다는 것만으로도 감사하고 감격스럽습니다. 이렇게, 예수 그리스도의 보혈의 공로를 의지하고 창조주 하나님 앞에 나아갈 때, 우리는 무슨 일이든지 기도할 수 있고 또한 기도해야 합니다. 그분에게 말씀드리기에 너무 사소한 일도 없고, 그분에게 기도하기에 너무 큰 일도 없습니다. "이건, 하나님도 할 수 없어!"라고 지레 포기해서는 안 됩니다. 앞에서 인용한 이사야의 말씀은 마지막에 이렇게 결론 맺습니다.

> 야곱아, 네가 어찌하여 불평하며,
> 이스라엘아, 네가 어찌하여 불만을 토로하느냐?
> 어찌하여 "주님께서는 나의 사정을 모르시고,
> 하나님께서는 나의 정당한 권리를 지켜 주시지 않는다" 하느냐?
> 너는 알지 못하였느냐?
> 너는 듣지 못하였느냐?
> 주님은 영원하신 하나님이시다.
> 땅 끝까지 창조하신 분이시다.
> 그는 피곤을 느끼지 않으시며,
> 지칠 줄을 모르시며,
> 그 지혜가 무궁하신 분이시다.

피곤한 사람에게는 힘을 주시며,
기운 잃은 사람에게 기력을 주시는 분이시다.
비록 젊은이라도 피곤하여 지치고,
장정들이 맥없이 비틀거려도,
오직 주님을 소망으로 삼는 사람은
새 힘을 얻으리니,
독수리가 날개를 치며 솟아오르듯 올라갈 것이요,
뛰어도 지치지 않으며,
걸어도 피곤하지 않을 것이다.(27-31절)

우리가 기도하는 대상은 사람의 손으로 만든 우상이 아닙니다. 위기에 빠진 사람에게 당장의 해결책을 마련해 주고 서서히 노예로 사로잡는 악한 잡신도 아닙니다. 우리가 기도하는 대상은 아무것도 없는 상태에서 온 우주와 세상 만물을 창조하시고 운행하시는 분입니다. 우리가 기도하는 하나님은 우리 머리카락의 수까지 다 아시는 분, 우리 게놈 지도를 다 헤아리고 계시는 분, 우리 행복을 우리 자신보다 더 간절히 원하시는 분, 그리고 우리는 생각하지도 못할 계획을 준비해 두시는 분입니다. 우리를 노예로 삼는 것이 아니라 자녀로 회복시키셔서 진리 안에서 무한한 자유를 누리게 하시는 분입니다. 그런 분이기에, 우리는 언제든지 예수 그리스도의 이름으로 그분 앞에 나아가 기도할 수 있습니다.

'땅에 사는' 우리는 기도로써 '하늘에 계신' 하나님께 나아갑니다. 하나님이 누구신지 제대로 생각한다면, 우리는 그 앞에서 두려워 떨 수밖에 없습니다. 하지만 우리는 예수 그리스도의 보혈의 공로를 힘입어 그분 앞에 나아갑니다. 우리는 감히 그분 앞에 설 아무런 자격이 없지만, 예수 그리스도의 은혜를 믿고 담대하게 모든 짐을 그분께 내려놓고 기도로써 구합니다. 때로 우리는 다급하여 필요한 것을 구하는 데 급급하지만, 그렇게 기도하는 중에 문득 전능자의 위엄과 영광, 그 완전하심과 아름다우심, 그 위대하심과 전능하심, 그 선하심과 그 거룩하심을 보게 됩니다. 그럴 때, 우리는 입을 다뭅니다. 그 전까지 하나님 앞에 쏟아놓은 모든 말들이 헛소리였다는 사실을 깨닫고 두려워 떱니다. 그 전능자 앞에서 우리는 입을 다물고 "주님, 말씀하소서. 내가 듣겠나이다!"라고 고백합니다. 그럴 때, 우리의 마음에는 든든한 평화가 들어차고, 험한 세상을 대면할 수 있는 용기를 얻습니다.

　기억하십시오. 우리는 땅에 있고, 우리가 믿는 하나님은 하늘에 계십니다.

　　하늘에 계신 주님,
　　저희에게 주신 이 큰 은혜에 감사드립니다.
　　기도로 주님 앞에 설 때마다
　　두렵고 떨림으로
　　그리고 감사와 감격으로 서게 하소서.

저희의 기도가,

저희의 예배가,

주님의 위엄에 합당한 것이 되도록

저희를 깨워 주소서.

아멘.

묵상과 토의 문제

1_ 당신의 하나님 상은 어떻게 변해 왔습니까? 당신이 믿는 하나님이 성경의 하나님과 얼마나 일치한다고 생각합니까? 하나님을 더 잘 알기 위해 얼마나 노력하고 있습니까?

2_ 하나님 앞에 설 자격을 주신 예수 그리스도의 은혜를 얼마나 깊이 느끼고 있습니까? 하나님의 응답이 아니라 하나님 자신을 찾는 기도를 얼마나 자주 하고 있습니까?

3_ 하나님을 하나님답게 생각한다면, 당신의 기도는 어떻게 달라지겠습니까?

3. 나에게서 아버지를 본다

"하늘에 계신 우리 아버지"

내 안의 아버지

요즈음 저는 아버님을 자주 뵙습니다. 저는 미국에 살고 있고 아버님은 한국에 계십니다만, 제 말은 저 자신의 모습에서 과거에 보던 아버지가 보인다는 뜻입니다. 샤워를 하고 나서 거울을 보면, 거기에 아버지가 계십니다. 매끈한 이마, 속이 훤히 들여다보이는 머리카락, 나이가 들면서 더 깊이 들어간 눈, 탄력을 잃은 피부와 근육이 모두 과거에 보던, 외출을 준비하시던 아버지의 모습 그대로입니다. 제가 하는 말에서는 아버지의 음성이 들리고, 밤에 하는 기침 소리도 영락없이 아버지와 같습니다. 제 양복에서는 아버지에게서 나던 냄새가 납니다. 그래서 저는 하루에도 몇 번씩 아버지를 뵙고 삽니다.

저는 중년의 나이에 이르기까지도 아버지가 무섭고 어려웠습니다.

아버지와 함께 있으면 불편했습니다. 보통 아버지들처럼 제 아버지도 칭찬에는 인색하시고 꾸중에는 매서우셨습니다. 아버지가 집에 계시는 날에는 조심해서 놀아야 했고, 학교에서 성적표를 받을 때면 꾸중들을 각오를 해야 했습니다. 학창 시절 저는 아버지의 꾸중을 듣지 않는 것을 목표로 두고 공부했습니다. 어린 제게 아버지는 강하고, 빈틈이 없어 보였습니다. 아버지의 기준에 맞을 만큼 잘할 자신도 없었고, 그렇게 잘하지도 못했습니다. 아버지 앞에 서면 저는 작아졌습니다.

저는 생활기록부에 '존경하는 인물'을 쓰라고 할 때마다 '아버지'라고 썼습니다. 그렇게 한 가장 큰 이유는 제가 아는 위인이 없었기 때문입니다. 저는 시골에서 살았기 때문에 위인 전기를 읽어 본 일이 없습니다. 그래서 할 수 없이 아버지라고 쓰기는 했지만, 실제로 우리 형제들은 아버지를 존경했습니다. 시골의 작은 초등학교 평교사셨지만, 존경한다고 말하기에 충분한 분이었습니다. 아버지가 어렵기는 했지만, 아버지 때문에 억울하고 분한 일은 없었습니다. 아버지는 늘 큰 산이었습니다. 어쩌다가 아버지에게 칭찬을 받으면 세상을 다 얻은 것 같았고, 무슨 문제든지 아버지에게 맡기면 다 해결될 것 같았습니다. 아버지의 아들인 것이 늘 자랑스러웠습니다.

제 큰 외삼촌은 아버지와 전혀 다른, 자애로운 분이었습니다. 외갓집에 갈 때마다 '우리 아버지도 저런 분이었으면…' 하는 생각을 했습니다. 아버지를 친구처럼 대하는 외사촌들이 부러웠습니다. 저는 지금까지 '아빠'라는 말을 해보지 못했습니다. 저에게는 '아버지'가 애칭입니다. 조금이라도 진지한 상황에서는, 금세 '아버님'으로 호칭이 바뀝니다.

그런데 그 아버지가 언제부터인가 작아지셨습니다. 그 철저함과 매서움이 종적을 감추었습니다. 큰 산과 같던 아버지가 작은 언덕처럼 폭삭 주저앉았습니다. 살가운 정을 드러내실 때도 있습니다. 무섭지도 않습니다. 편해졌습니다. 그래서 좋을 줄 알았는데, 아쉬움이 더 큽니다. 어렵고 무서워도 좋으니 예전처럼 그대로 계셔 주었으면 좋겠습니다. 하지만 세월은 그 바람을 허락하지 않습니다. 제게 산이 되어 주셨던 아버지에게 이제는 제가 산이 되어 드릴 때입니다. 그런데 이렇게 멀리 떨어져 살고 있으니, 참으로 큰 불효자입니다.

전에는 멀게만 느껴졌던 아버지의 나이에 이르고 보니, 제 자신에게서 아버지의 모습이 자주 보입니다. 강하고 고고한 모습의 아버지는 보이지 않고, 약해진 아버지의 모습만 보입니다. 마치 아버지가 그림자처럼 저를 따라다니시는 느낌입니다. 아니, 아버지께서 제 안에 사시는 것 같습니다. 한 편으로는 참 좋습니다. 아버지와 함께 사는 것 같으니까요. 하지만 다른 한 편으로 씁쓸합니다. 크고 강한 아버지의 모습이 그립기 때문입니다. 그것이 아버지의 본 모습처럼 제 인식에 새겨져 있기 때문입니다.

어떤 아버지인가?

예수님은 '하늘에 계신' 전능자 하나님께 '우리 아버지'라고 부르라 하십니다. 우리가 하나님을 향해 '아버지'라고 부를 때, 육신의 아버지에 대해 지니는 정서가 개입됩니다. 저 같은 사람은 하나님을 아버지라고 부를 때 왠지 모를 거리감을 느낍니다. 존경하면서도 가까이 다가가기 어려운 존재로 느껴집니다. 제 외사촌 형제들은 하나님을 향해 아버지라고 부를 때, 저와는 다른 정서를 느낄 것입니다. 웬만한 잘못도 묵묵히 지켜보며 참으시는 아버지, 때로 그 품에 안겨 투정을 부리고 싶은 아버지로 느낄 것입니다. 자라면서 아버지에게 상처를 받은 사람들은 아버지에 대한 분노 때문에 아버지 하나님에게 다가가기가 쉽지 않을 것입니다.

아비지들이 문제입니다. 저도 지금 아버지로 살고 있지만, 땅의 아버지들이 하늘 아버지의 축소판처럼 살아야 하는데, 오히려 하늘 아버지께 가는 데 장애물이 되곤 합니다. 우리 교회의 어떤 교우께서 언젠가 말씀하셨습니다. "목사님, 제게 딸만 둘이 있는 것이 얼마나 감사한지 모릅니다." 그 이유를 여쭤어 보았더니 그분이 이렇게 대답하십니다. "제가 아버지에게 상처를 너무 많이 받고 자랐기 때문에 제게 아들이 있었다면 분명히 제 상처를 고스란히 물려주었을 것입니다. 다행히 딸들이어서 그 실수를 피할 수 있었습니다."

사람들이 마음에 숨기고 사는 상처와 아픔들을 헤집어 보면, 아버지에게서 얻은 것이 절대 다수입니다. 많은 이들에게 아버지는 원죄입니다. 자식의 마음을 살피려고는 하지 않고 소리나 지르면 되는 줄 아는 아버지들이 얼마나 많습니까? 자기 분을 못 이겨 폭력을 휘두르면서도 '사랑의 매'라고 강변하며 자녀의 마음에 시한 폭탄을 심어 두는 아버지들도 적지 않습니다. 아버지들이 인생에서 겪는 아픔과 절망을 모르는 것은 아니지만, 그것을 자녀들에게 퍼부어서는 안 됩니다. 그렇게 해서 자녀의 연약한 마음에 깊은 상처를 낸다면, 그 얼마나 큰 잘못입니까?

어머니들도 자녀에게 상처를 주는 경우가 많습니다. 사실, 요즈음 그런 경향이 점점 강해지고 있습니다. '타이거 맘'(Tiger Mom) 혹은 '헬리콥터 맘'(Helicopter Mom)이라는 말을 들어 보셨을 것입니다. '타이거'도 그렇고, '헬리콥터'도 그렇고, 어디 어머니와 어울리는 말입니까? 어머니들이 그렇게 사납고 집요해졌다는 뜻입니다. 과거에 아버지들이 맡았던 역할을 함께 하게 되면서 아버지 대신 자녀들에게 상처를 주고 있는 겁니다. 억압적인 어머니가 있는 가정에서 자란 아이들은 하나님을 '아버지'라고 부를 때 아무 힘없이 끌려 다니는 무력한 존재로 느낄 수 있을 것입니다. 그 같은 아버지 상 또한 하나님을 이해하는 데 큰 장애물이 될 것입니다.

그러므로 우리가 하나님을 향해 '아버지'라고 부르려면, 먼저 그분이 '어떤' 아버지인지를 배워야 합니다. 우리가 경험한 아버지의 이미지로 하나님을 생각해서는 안 됩니다. 성부 하나님에 대해 예수님이 하신 말씀을 읽고 하나님이 어떤 아버지인지를 알아야 합니다. 그래야만 하나님을 제대로 대할 수 있고, 제대로 기도할 수 있습니다. 예수님이 가르치신 하나님은 오늘 우리에게도 놀라운 면이 있지만, 당시 유대인들도 받아들이기 어려울 만큼 파격적이었습니다. 예수님이 유대교 지도자들에게 배척당한 가장 큰 이유가 그분이 가르친 하나님 상 때문이었습니다.

사랑을 허비하는 아버지

예수님이 가르치신 하나님이 누구신지에 대해 가장 선명하게 보여 주는 이야기가 누가복음 15장에 나오는 "잃어버린 아들의 비유"입니다. 너무나 잘 알려져 있어서 다시 설명할 필요가 없는 이 비유에서 우리는 아주 이상한 아버지를 만납니다. 우리에게도 이상하지만 당시 유대인들의 문화로 볼 때는 더더욱 이상한 아버지입니다.

그에게는 두 아들이 있었는데, 어느 날 둘째 아들이 아버지에게 자기 몫의 유산을 달라고 합니다. 유산은 아버지가 세상을 떠난 다음에 받는 것입니다. 당시 유대 문화에서는 아버지가 살아 있는 동안에 유산에 대해 거론하는 것은 '호래자식'이라는 소리를 들을 만한 일이었습니다. 이는 아들이 아버지에게 할 수 있는 가장 큰 불효 중 하나입니다. 아버지가 살아 계실 때 유산을 요구하는 것은 "나는 아버지가 필요 없습니다. 아버지가 죽은 것이나 다름없습니다. 그러니 내 몫의 유산이나 주십시오"라고 말하는 것과 다르지 않습니다.

보통 아버지라면 그 아들을 호되게 혼내고 다시는 그런 말을 꺼내지 못하게 했을 것입니다. 하지만 그는 두 아들에게 각각 유산을 분배

해 주었습니다. 큰아들은 아버지와 함께 살기를 택했고, 둘째 아들은 아버지를 떠나 제 욕심대로 살았습니다. 둘째 아들은 곧 아버지의 유산을 모두 탕진하고 거지가 되었습니다. 그는 유대인으로서는 가장 치욕적인 일, 즉 돼지를 치면서 연명했습니다. 그렇게 고생하다가 그는 결국 아버지 집으로 돌아가기로 마음을 먹습니다. 아들로 받아들여지리라고는 상상도 하지 않았습니다. 종으로 받아들여 준다면 족하다고 생각하고, 아버지에게 맞아 죽을 각오를 하고 집으로 돌아갑니다.

보통 아버지라면, 유산을 탕진하고 거지가 되어 돌아온 아들을 기쁘게 받아들이기 힘들었을 것입니다. 받아 준다 해도 분이 다 풀린 다음에 그리고 못된 버릇을 단단히 고친 후에 받아 주었을 것입니다. 집 나간 아들을 기다리는 어머니는 매일 저녁 밥 한 그릇을 아랫목에 덮어놓고 자지만, 집 나간 아들을 기다리는 아버지는 머리맡에 몽둥이를 두고 잡니다. 그것이 보통 아버지입니다.

그런데 이 아버지를 보십시오. 멀리서 둘째 아들이 오는 것을 보고는 달려 나가 끌어안고 입을 맞춥니다. 신발이라도 제대로 신고 뛰어갔는지 모릅니다. 종들에게 시켜 가장 좋은 옷을 꺼내다 입히게 하고, 손에 반지를 끼우고, 발에 신발을 신겼습니다. 그리고 살진 송아지를 잡아 잔치를 베풀었습니다.

들에서 일을 하다가 돌아온 큰아들이 이 광경을 보았습니다. 그는 자초지종을 알고 분노했습니다. 아버지가 동생에게 한 일을 도대체 이해할 수가 없었습니다. 나중에 그를 다시 받아들이더라도, 지금은 다리 몽둥이라도 부러뜨려 놓아야 했습니다. 큰아들이 화가 나서 집에 들어가지 않고 밖에서 분을 삭이고 있었습니다. 그 소식을 들은 아버지는 큰아들에게 달려 나갑니다. 그 기분을 이해 못할 바도 아닙니다만, 잘하는 일은 아닙니다. 아버지로서는 호통을 칠 만한 일입니다. 그런데 이 아버지 좀 보십시오. 큰아들에게 가서 사정을 합니다. "얘야, 죽은 거나 마찬가지였던 네 동생이 돌아왔는데, 내가 어찌 이러지 않을 수 있겠니? 내 마음 좀 이해해 다오."

사실, 이 비유의 주인공은 두 아들이 아니라 아버지입니다. 그래서 학자들은 이 비유의 제목을 "탕자의 비유"가 아니라 "탕부의 비유"라고 해야 한다고 주장합니다. '탕자'는 재산을 탕진한 아들을 가리키는 말이고, '탕부'는 사랑을 허비하는 아버지를 가리키는 말입니다. 말할 것도 없이, 이 비유에 나오는 아버지는 하늘 아버지 즉 하나님을 상징합니다. 예수님은 이 비유에서 '이상한 아버지'를 등장시킴으로써 하늘 아버지가 어떤 분인지를 충격적으로 전해 주려 하십니다.

유대인들로서는 이 비유에 나오는 하나님 상을 받아들일 수 없었습니다. 당시 유대교에서는 전능하시고 위대하신 성부 하나님은 빈틈없고 털끝만큼의 빗나감도 허용하지 않는 분이라 믿었습니다. 그들이 믿었던 하나님은 인간의 죄악으로 인해 분노가 부글부글 끓는데 간신히 참고 계십니다. 그 분노가 계속 커지면, 그분은 마침내 분통을 터뜨려 불의 심판을 행하실 것이라고 생각했습니다. 그래서 그들은 하나님의 분노를 누그러뜨리기 위해 끊임없이 제사를 드리고 구제하고 예배를 드렸습니다. 그런 하나님에게 둘째 아들처럼 행동한다면, 당장 천벌을 받을 것이 분명했습니다.

예수님은 그런 하나님 상을 버리라고 가르치십니다. 그분이 아는 하나님은 인간에 대해 앙심을 품고 있는 분이 아니라, 인간을 사랑하시되 당신의 외아들을 내어주시기까지 사랑하는 분입니다. 그분이 아는 하나님은 인간의 죄악에 대해 분노하기보다는 아파하는 분입니다. 그분이 아는 하나님은 심판하고 징계하는 분이 아니라, 참고 기다리고 용서하는 분입니다. 그분이 아는 하나님은 치유하고 회복시키고 다시 일으키는 분입니다. 그분은 아버지보다는 어머니를 더 많이 닮았습니다. 사랑에 인색한 아버지가 아니라, 사랑을 탕진하는 어머니와 가깝습니다.

그렇다고 해서 예수님이 아신 하나님을 이빨 빠진 호랑이로 보면 안 됩니다. 언제든지 "오냐, 오냐!"만 하시는 분이 아닙니다. 그분의 사랑과 자비를 업신여기면 안 됩니다. 예수님이 아신 성부 하나님은 전능자시요 심판자이십니다. 결국, 우리는 그분 앞에서 모든 것을 결산하는 날을 맞을 것입니다. 그분은 아무 힘이 없어서 약한 모습을 보이는 것이 아니며, 옳고 그름을 알지 못해서 우리의 죄악을 참으시는 것이 아닙니다. 다만, 그분의 사랑이 그분으로 하여금 다른 모든 것을 뒤로 미루고 우리를 사랑으로 대하게 만드십니다. 그렇기에 그 사랑이 더 값지고 소중합니다. 약한 모습으로 나에게 달려 나오시고 나를 끌어안으시는 그분의 손길이 더욱 감격스러운 것입니다.

하나님을 새롭게 만나야

우리는 이런 하나님을 생각하고 '아버지'라고 불러야 합니다. 예수님이 그렇게 하라고 가르치셨습니다. 사실, 예수님은 하나님을 '아빠'라고 부르셨고, 그분을 따르는 이들에게도 그렇게 부르라고 가르치셨습니다.

우리가 암송하는 주기도문은 헬라어 번역을 따르기 때문에 원래의 정서가 실종되어 버렸습니다. '우리 아버지'는 헬라어 '파테르 헤몬'(*pater bemon*)의 번역인데, 그 배후에는 아람어의 '아바'(*abba*)가 있습니다. '아바'는 우리말로는 '아빠'에 해당하고 영어로는 'daddy'에 해당하는 말입니다. 어린아이가 아버지를 친근하게 부르는 말입니다. 예수님은 하나님을 부를 때 '아바'라고 하셨는데, 예수님 이전에는 하나님을 그렇게 부른 예를 찾기 어렵습니다.

아람어 '아바'의 역사는 우리말의 '아빠'의 역사와 상당히 닮았습니다. 제가 어릴 적만 해도 '아빠'는 어린이들의 전용어였습니다. 성인이 아버지를 이렇게 부르는 것은 수치스러운 일이었습니다. 하지만 시대가 바뀌고 요즈음은 어른들도 '아빠'라는 말을 씁니다. 저는 한 번도 '아빠'라는 말을 써 본 적이 없습니다. 제가 만일 아버지에게 '아빠'라고 부르면, 그 순간 두드러기가 제 온몸을 덮을 것이고, 아버지께서는 "너, 왜 그러니?"라며 놀라실 것입니다. 반면, 제 아내는 지금도 친정아버지에게 '아빠'라고 부릅니다. 제 아내가 '아버지'라는 말을 사용하면, 아내에게 심각한 문제가 생긴 것임에 틀림없습니다.

예수님이 아버지 요셉을 어떻게 불렀는지 알 수 없지만, 아마도 '아바'라고 부르며 자라셨을 것입니다. 그 말을 써 보지 않은 사람이 하나님에게 '아바'라는 말을 사용하기 어렵다는 것은 제가 경험으로 잘 압니다. 저는 자주 하나님께 기도하면서 '아빠'라는 말을 사용해 보려고 노력합니다. 하지만 그 호칭이 제 기도를 방해하면 했지, 전혀 도움이 되지 않습니다. 저에게는 '아버지'가 최고의 애칭입니다. 반면, 제 아내 같은 사람은 하나님께 기도하면서 '아빠'라고 부를 수 있을 것입니다. 처음에는 어색할지 몰라도, 친정아버지에게 느끼는 애정을 생각하면서 그렇게 부르면, 하나님을 사귀는 데 도움이 될 것입니다.

왜 예수님은 그 누구도 사용하지 않았던 '아바'라는 말로 하나님을 부르셨을까요? 대답은 오직 하나입니다. 예수님이 하나님을 그토록 친밀하게 느끼셨기 때문입니다. 그 친밀감을 다른 호칭으로는 표현할 수 없었습니다. 그분이 하나님을 '아바'라고 부른 것은 연구를 통해서가 아니라 체험을 통해 시작된 것입니다. 그 하나님은 온 우주를 창조하신, 인간으로서는 그 앞에서 숨도 제대로 쉴 수 없이 크신 분이지만, 그분이 지으신 우리 한 사람 한 사람에게는 마치 탕자의 비유에 나오는 아버지처럼, 사랑 때문에 어찌할 바를 몰라 하는 아버지처럼 대하십니다. 그것을 아는 사람이라면 하나님께 '아빠'라고 부르기에 주저함이 없을 것입니다.

"주기도는 하나님과의 새로운 관계에 대한 초청이다"라고, 누군가가 쓴 것을 기억합니다. '하늘에 계신' 하나님을 '아바'라고 부르라고 하신 것은 말의 습관을 바꾸라는 것이 아니라 하나님을 새롭게 만나라는 것입니다. 바울 사도가 로마서에서 이렇게 말했습니다.

> 하나님의 영으로 인도함을 받는 사람은,
> 누구나 다 하나님의 자녀입니다.
> 여러분은 또다시 두려움에 빠뜨리는 종살이의 영을 받은 것이 아니라,
> 자녀로 삼으시는 영을 받았습니다.
> 그래서 우리는 그 영으로 하나님을 "아빠, 아버지"라고 부릅니다.
> 바로 그때에 그 성령이 우리의 영과 함께,
> 우리가 하나님의 자녀임을 증언하십니다.
> 자녀이면 상속자이기도 합니다.
> 우리가 그리스도와 함께 영광을 받으려고 그와 함께 고난을 받으면,
> 우리는 하나님이 정하신 상속자요,
> 그리스도와 더불어 공동 상속자입니다.(롬 8:14-17)

아버지를 닮아 가는 자녀

우리는 기도로써 하나님 앞에 설 때 "하늘에 계신 우리 아버지"라고 기도를 시작합니다. 이 한마디 속에 우리가 성부 하나님과 맺고 있는 관계의 신비가 담겨 있습니다. 우리로서는 상상할 수 없이 크신 분이 우리의 눈높이까지 스스로를 낮추셨다는 신비, 마주했다가는 질식되

거나 타 죽을 것 같은 그분이 우리를 품에 안으셨다는 신비, 그리고 온 우주의 심판자인 그분이 우리의 아빠가 되셨다는 신비가 이 한마디에 담겨 있습니다. 예수님은 이렇게 기도하라고 가르쳐 주심으로써 이 신비에 눈 뜨고 이 신비를 경험하라고 청하십니다.

저는 앞에서 제 아버지에 대한 이야기를 나누었습니다. 어린 제게 그분은 매우 크고 강하고 엄하셨습니다. 그래서 다가가기 어려웠지만, 또 그래서 든든한 버팀목이 되었고, 늘 최선을 향해 노력하게 만드는 채찍이 되었습니다. 이제 나이가 들어, 아버지에게서 보고 싶었던 자애로움이 보일 즈음이 되니, 크고 강하셨던 그 모습이 사라져 버렸습니다. 이제는 어떤 일에도 "고맙다"는 말밖에 하실 줄 모르는 아버지에게서 옛날 보았던 그 크고 강한 모습을 함께 보고 싶습니다만, 그것은 헛된 바람입니다.

이 땅에 존재하는 아버지는 누구나 이렇게 한 쪽으로 기울어 있습니다. 어느 면에서든 결함이 있습니다. 모든 것을 갖춘 아버지를 이 땅에서 찾을 수는 없습니다. 그런 아버지는 하늘에만 계십니다. 그래서 윌리엄 윌리몬과 스탠리 하우어워스는 "하나님의 아버지 되심은 모든 인간 아버지들에 대한 심판이다"라고 말합니다(「주여 기도를 가르쳐 주소서」, p. 49). 하늘 아버지를 제대로 알게 되면, 이 땅의 아버지가 얼마나 부족하고 모자란 존재인지를 알게 된다는 뜻입니다.

이런 점에서 본다면, 이 땅의 모든 아버지들은 그 부족함과 불완전함을 통해 완전하고 충만하신 하늘 아버지를 그리게 만드는 통로가 아닐까 싶습니다. 이 땅의 아버지에게서 아쉬움과 부족함을 느끼기에 우리는 하늘의 아버지를 바라보게 되기 때문입니다.

예수 그리스도께서 우리에게 계시하신 창조주 하나님은 크고 높고 깊고 넓기가 한이 없는 분이시며, 거룩하심과 선하심과 아름다우심과 정의로움에 있어서 아무 결함 없이 완전하고 충만하신 분입니다. 그래서 우리는 그분을 '하늘에 계시다'고 고백합니다.

하지만 그분은 또한 우리의 '아빠'이십니다. 예수 그리스도 안에서 그분을 만나는 순간, 우리는 그분의 사랑과 자비를 경험합니다. 그것은 마치, 돌아앉은 아버지의 뒷모습을 보고 나에게 화가 나신 줄 알고 두려워 무릎 꿇었는데, 아들을 향해 돌아서는 아버지의 눈에 눈물이 그렁그렁한 것을 보는 일과 다르지 않습니다. 그때, 아들은 "아빠!"라고 부르며 그 품 안에 무너집니다.

'아버지'라는 말은 하나님과 우리의 관계에 대한 은유이지만, 깊이 생각해 보면, 그것은 은유 이상입니다. 자식은 아버지의 DNA를 물려받습니다. 아버지의 기질과 체질과 정서가 유전됩니다. 그뿐 아니라, 자식은 아버지와 함께 살아가면서 자기도 모르는 사이에 생각도, 가치관도, 말하는 것도, 걸음걸이도 아버지를 닮아 갑니다. 마찬가지로, 하늘 아버지는 우리에게 당신의 형상을 물려주셨습니다. 그것은 비유가 아니라 사실입니다. 우리에게 유전된 하나님의 DNA를 잘 돌보고 키우면 우리는 점점 하나님을 닮아 가게 됩니다. 그렇게 하나님과 사귀며 살다 보면, 거울 앞에 선 제가 자신에게서 아버지의 모습을 보듯, 우리는 우리 자신에게서 하나님의 모습을 보게 될 것입니다.

그러므로 '하늘에 계신' 성부 하나님을 '아빠'라고 부르라는 초청은 아침 이슬처럼 덧없는 존재에게 하나님의 DNA를 심어 주시고 그분을 닮아 살아갈 수 있도록 하신 하나님의 섭리를 깨닫고 그 신비를 살라는 초청입니다. 이것은 머리로 이해한다고 되는 일이 아닙니다. 수많은 책을 읽는다고 되는 것도 아닙니다. 한 번도 불러보지 않은 '아빠'라는 말을 수없이 되풀이한다고 하여 익숙해지는 것이 아닙니다.

예수 그리스도 안에서 전능자 하나님을 대면하고 그분을 인격적으로 만나야 합니다. 그분의 거룩성과 자신의 죄성으로 인해 두려워 떨어야 하고, 그분의 용서와 사랑에 눈물 흘려야 합니다. 그럴 때, 우리는 '하늘에 계신' 하나님을 향해 '아빠'라고 부를 수 있습니다. 저처럼 '아빠'라는 칭호가 어색한 사람은 '아버지!'라고 불러도 상관없습니다. 하나님을 그렇게 부를 때, 그분의 사랑을 마음으로 느끼고 믿으면 됩니다.

당신에게는 어떤 아버지가 있습니까? 아버지라고 부를 사람이 이 세상에 존재하지 않는 분들도 마음속에는 여전히 그 아버지가 살아 계실 것입니다. 살아 계시든 돌아가셨든, 아버지를 생각하면 어떤 마음이 드십니까? 어떤 분은 무척이나 그리울 것이고, 어떤 분은 아리도록 아플 것이며, 또 어떤 분은 무덤덤할 것입니다.

당신의 아버지가 어떤 분이었고 그 아버지를 생각할 때 어떤 감정이 든 상관없이, 우리 모두에게 '하늘에 계신' 아버지가 계시다는 사실을 알면 좋겠습니다. 아버지를 생각하면 그리운 사람도, 아버지를 생각하면 아픈 사람도, 모두 하늘 아버지를 알았으면 좋겠습니다. 그분을 만났으면 좋겠습니다. 그분을 대면하는 것이 처음에는 두렵고 떨리는 일이지만, 예수 그리스도의 은혜 안에서 그분을 만나 '아빠'라고 부를 수 있으면 좋겠습니다. 굳이 '아빠'라고 부르지 않아도, 전능자 하나님을 생각할 때 그 사랑과 은혜 때문에 우리 마음이 설레었으면 좋겠습니다.

그렇게, '하늘에 계신' 하나님을 '아빠'로 부르며 매일같이 사귀며 살아간다면, 우리는 머지않아 우리 자신에게서 하나님의 모습을 볼 것입니다. 우리를 보는 이들이 우리의 말과 행동을 보고 '하늘에 계신' 하나님을 생각하게 될 것입니다.

제가 제 안에서 아버지를 보고 좋아한다면, 제 안에서 하늘 아버지의 모습을 보게 된다면 얼마나 더 좋겠습니까? 제 안에서 아버지의 모습을 보며, 마치 아버지와 제가 하나인 듯하여 마음이 좋다면, 제 안에 하늘 아버지의 모습을 보며, 하나님과 제가 하나가 된 것을 느낀다면, 얼마나 더 좋겠습니까?

하늘에 계신 우리 아버지시여,
당신은 하늘에 계십니다.
하늘에 계신 우리 아버지시여,
당신은 우리의 아빠이십니다.
하늘에 계신 우리 아버지시여,
우리가 아버지를 참되게 알게 하시고

아버지의 사랑 안에 살게 하소서.
우리 생각과 말과 행실에서
아버지의 모습을 보게 될 때까지
저희를 더 깊이 이끄소서.
아멘.

묵상과 토의 문제

1_ 당신의 아버지는 어떤 분이었습니까? 예수님이 가르치신 하나님과 당신의 아버지는 어떻게 다릅니까?
2_ '하늘에 계신' 하나님께 '아빠'라고 부른다면, 어떤 느낌이 듭니까? 당신에 대한 하나님의 사랑을 얼마나 믿으십니까?
3_ 당신은 자신에게서 하늘 아버지의 모습을 얼마나 자주 발견하십니까? 어떻게 하면 더 많이 닮을 수 있을까요?

4. 하나님 안에 타인은 없다

"하늘에 계신 우리 아버지"

왜 '우리'인가?

이 장에서는 "하늘에 계신 우리 아버지!"라는 부름 중에서 '우리'에 초점을 맞추어 생각해 보려고 합니다. 왜 "하늘에 계신 나의 아버지!"가 아니라 "하늘에 계신 우리 아버지!"라고 하셨을까요?

마태복음 6장을 보면, 주기도를 가르치기 바로 전에 예수님은 기도하는 태도에 대해 가르치십니다. 위선자들처럼 사람에게 보이려고 회당과 큰 길 모퉁이에 서서 기도하지 말라고 하시면서, 이렇게 말씀하십니다.

> 너희는 기도할 때에, 골방에 들어가 문을 닫고서, 숨어서 계시는 네 아버지께 기도하여라. 그리하면 숨어서 보시는 너의 아버지께서 너에게 갚아 주실 것이다.(마 6:6)

기도는 하나님과 기도자 사이의 사귐입니다. 그렇기 때문에 기도하는 사람이 기도 중에 다른 사람을 의식하며 한눈을 팔면 안 됩니다. 한눈 파는 사람과 대화하는 것은 기분 상하는 일입니다. 사람도 서로에게 전심으로 집중하여 대화하기를 원하는데, 하나님은 더 말해 무엇하겠습니까? 혹시나 경건한 사람으로 인정받는 것이 기도의 목적이 되면, 기도의 핵심을 놓치는 셈입니다. '기도 많이 하는 사람' 혹은 '기도 잘하는 사람'이라고 인정받을지는 몰라도 기도를 통해 하나님을 만날 수는 없습니다. 그래서 골방으로 들어가 문을 닫고 기도하라는 것입니다.

골방에 들어가 하나님과 일대일로 만나는 기도자는 당연히 "하늘에 계신 나의 아버지!"라고 불러야 마땅해 보입니다. 위에서 인용한 말씀에서도 예수님은 "숨어서 계시는 네 아버지"라는 말을 두 번 반복하십니다. 하나님을 가리켜 "네 아버지"라고 말씀하셨으니, 기도할 때 "하늘에 계신 나의 아버지!"라고 해야 자연스러워 보입니다.

사실, 우리가 기도할 때 하나님을 향해 "내 아버지!"라고 부르는 것은 꼭 필요한 일입니다. 이 표현을 통해 느낄 수 있는 특별한 정서가 있습니다. 아우구스티누스는 하나님의 사랑에 대해 "하나님은 나를 사랑하시되 이 세상에 사랑할 사람이 나 하나밖에 없는 것처럼 사랑하신다"라고 말했습니다. 사랑이란 원래 이런 것입니다. 그것을 경험한 사람은 자신이 받은 사랑이 전부인 것처럼 느끼게 마련입니다.

하나님의 사랑도 마찬가지입니다. 따라서 "나의 하나님!"이라는 고백은 너무나도 당연한 것입니다. 믿음은 이렇게 하나님과의 일대일 관계로부터 시작합니다. 간접적으로 하나님을 만날 방법은 없습니다. 그래서 "하나님에게는 손자가 없다"라고 말합니다. 하나님을 믿는 사람은 누구나 일대일로 만나 그분의 아들 혹은 딸이 되는 것입니다.

그런데 예수님은 "우리 아버지!"라고 부르라고 하십니다. 그렇게 하신 데는 분명히 뜻이 있을 것입니다. 기도 중에 "하늘에 계신 나의 아버지!"라고 말할 뿐 아니라, "하늘에 계신 우리 아버지!"라고도 말해야 하는 이유가 있습니다. 하나님은 이 세상에 나 하나밖에 사랑할 사람이 없는 것처럼 사랑하신다는 말은 진리의 한 면입니다. 그분은 그 같은 사랑으로 모든 인간을 사랑하십니다. 그 진실을 잊지 않으려면 우리는 "나의 아버지!"라고 고백하는 만큼 "우리 아버지!"라고도 고백해야 합니다. 이 고백은 하나님이 나를 사랑하시는 것만큼이나 다른 사람을 사랑하신다는 사실을 일깨워 줄 것입니다.

따로 또 같이

기독교는 홀로 수도정진하여 득도하는 종교가 아닙니다. 예수 그리스도를 통해 하나님을 만났다면, 그 즉시 믿음의 형제자매들을 만나게 되어 있습니다. 위로 하나님과 연결되는 순간, 옆으로 형제자매들과 연결됩니다.

어느 날, 어떤 율법사가 예수님께 질문했습니다. "율법 가운데 어느 계명이 중요합니까?"(마 22:36) 이 질문은 유대교 랍비들이 자주 토론하던 주제였습니다. 율법서에 기록된 613가지의 계명 중에서 어느 것이 가장 중요한지를 묻는 사람들이 많았습니다. 그 질문에 어떻게 대답하느냐에 따라 그 사람의 영적 실력을 가늠할 수 있었습니다. 예수님은 이렇게 대답하십니다.

"네 마음을 다하고, 네 목숨을 다하고, 네 뜻을 다하여, 주 너의 하나님을 사랑하여라" 하였으니, 이것이 가장 중요하고 으뜸 가는 계명이다. 둘째 계명도 이것과 같은데, "네 이웃을 네 몸과 같이 사랑하여라" 한 것이다. 이 두 계명에 온 율법과 예언서의 본 뜻이 달려 있다.(37-40절)

"둘째 계명도 이것과 같은데"라는 말은 "둘째 계명은 다음과 같은데"라는 뜻이 아닙니다. "둘째 계명도 첫째 계명과 똑같이 중요한데"라는 뜻입니다. 하나님 사랑과 이웃 사랑은 그 중요성에서 동일하다는 뜻입니다. 그 둘은 떼려야 뗄 수 없는, 동전의 양면과 같다는 뜻입니다. 하나님을 진실하게 사랑하면 이웃을 사랑하게 되고, 이웃을 참되게 사랑하면 그것이 곧 하나님에 대한 사랑이 된다는 뜻입니다.

이것이 기독교 신앙의 본질입니다. 하나님을 제대로 만났다면 이웃에 눈을 뜨게 되어 있습니다. 하나님을 제대로 사랑하는 사람이라면, 그 사랑으로 이웃을 사랑하게 되어 있습니다. 만일 "나는 다 싫다. 나는 혼자서 예수 믿겠다"라고 말하는 사람이 있다면, 미안하지만, 그 사람에게는 희망이 없다고 말할 수 있습니다. 만일 다른 사람과 상관하지 않고 혼자 하나님을 만났다면, 그리고 그가 만난 하나님이 이웃에게 문을 열게 하지 않았다면, 그 하나님은 우상이거나 잡신입니다. 예수 그리스도께서 '아빠'라고 부르신 그 하나님은 우리로 하여금 이웃에게 눈 뜨게 하고 문을 열게 하며 손을 뻗게 하시는 분입니다.

하나님은 당신을 '아빠'라고 부르는 사람들이 흩어져서 각자 골방에 들어가 홀로 기도하며 영적인 발돋움을 위해 노력하기를 원하십니다. 하지만 골방에서 홀로 기도하는 동안에도 "하늘에 계신 우리 아버지!"라고 불러야 합니다. 지금은 비록 홀로 있지만 이제 곧 골방에서 나가 믿음의 형제자매들과 삶을 나누어야 한다는 사실을 기억해야 합니다. 이렇게, 기독교 신앙은 '홀로 있음'과 '더불어 있음'의 두 요소가 균형을 잡아야만 온전해질 수 있습니다.

예전에 "따로 또 같이"라는 듀엣 가수가 있었는데, 그것이 기독교인들의 별명이 되어야 합니다. 우리는 끊임없이 골방에 들어가 '따로' 하나님을 대면하고 사귐을 나누어야 합니다. 그렇게 한 다음, 한 믿음을 가진 사람들과 '같이' 한 몸을 이루어 예배하고 사귀며 섬겨야 합니다. 따로 또 같이, 따로 또 같이를 끊임없이 반복해야 합니다. '따로'만 있어도 안 되고, '같이'만 있어도 안 됩니다. 본회퍼가 지적했듯, 홀로 있지 못하는 사람은 진정한 의미에서 다른 사람과 같이 있어 줄 수 없고, 다른 사람과 같이 있어 줄 수 없는 사람은 홀로 있지도 못하는 법입니다.

우리가 교회다

하나님을 향해 '우리 아버지!'라고 부르는 사람들이 함께하면 '교회'가 됩니다. 교회는 참으로 중요하고 귀합니다. 하나님은 당신의 이름을 부르는 백성들이 하나가 되어 예배드리고 서로 삶을 나누며 세상을 위해 일하기를 원하십니다. 믿음 안에서 서로 연결되고 연합하여 공동체(community)가 되어야만 교회라 할 수 있습니다. 모인 사람들이 삶을 나누고 생사고락을 함께해야만 공동체라고 부를 수 있습니다. 아무리 많은 사람이 모이고 아무리 좋은 예배당이 있다 하더라도 공동체가 되지 못하면 아직 교회가 아닙니다.

교회에서 분란이나 갈등으로 인해 상처를 입은 사람들은 조용히 믿고 싶어 합니다. 교회에 나와도 아무와도 얽히지 않고 하나님만 만나고 돌아가기를 원합니다. 그 심정은 충분히 이해가 됩니다. 또 때로는 영적으로 회복하기 위해 얼마 동안 그렇게 하는 것도 괜찮은 일입니다. 하지만 그것이 그 사람의 믿음의 방식이 된다면, 하나님을 제대로 만날 수 있을지, 저는 자신할 수 없습니다. 같은 믿음을 가진 사람들이 연대하여 교회를 이루고 한 몸이 되는 것은 기독교 신앙의 핵심입니다. 견디기 힘든 사람들, 사랑하기 어려운 사람들, 대면하고 싶지 않은 사람들, 신경을 거스르는 사람들, 나와는 질적으로 달라 보이는 사람들과 함께 부대끼면서 한 몸이 되어 일하는 것이 '우리 하늘 아버지'의 뜻입니다.

2011년, 유튜브(YouTube)에서 많은 이들의 주목을 끈 영상이 있습니다. 제퍼슨 벳키(Jefferson Bethke)라는 랩퍼가 올린 "나는 왜 종교를 미워하고 예수를 사랑하는가"(Why I Hate Religion But Love Jesus)라는 제목의 영상입니다. 이 영상은 하룻밤 사이에 백만 명이 접속할 정도로 주목을 끌었습니다. 그는 이 영상에서, 예수님이 가르치신 것이 종교에 의해 얼마나 왜곡되었는지를 노래합니다. 종교는 허위적이고 위선적이며 때로는 악마적이어서, 종교의 껍질을 벗고 예수님을 만나야 한다고 노래합니다. 요즈음 미국의 젊은이들이 "나는 영적인 사람이지만 종교인은 아니다"(I am spiritual but not religious)라는 말을 좋아하는데, 제퍼슨 벳키의 노래는 이 같은 정서에 호소했기에 그처럼 이례적인 주목을 끌었습니다.

우리 시대에 기독교라는 종교 그리고 교회라는 종교 단체는 매력을 점점 잃어 가고 있습니다. 모두 교회와 기독교인들이 자초한 일입니다. 교회는 예수 그리스도가 어떤 분인지를 삶을 통해 보여 주어야 하는데, 자주 인간의 추한 모습을 드러내고, 때로는 악마적인 모습을 드러낼 때도 있습니다. 그러니 "나는 예수가 좋지만 교회는 싫다"는 말이 나올 수밖에 없습니다.

하긴, 이 땅의 모든 교회는 어느 모로든지 불완전합니다. 아무리 이상적인 교회요 모범적인 교회라고 알려졌다 해도, 부족한 점이 있게 마련입니다. 이 땅에 있는 모든 교회는 완전한 교회를 향해 가는 과정에 있을 뿐입니다. 그러니 때로 교회가 문제의 원인이 되는 것은 피할 수 없는 일입니다. 하지만 요즈음 귀에 들리는 교회의 추문들은 심각합니다. 교회가 그만큼 정도를 벗어났다고 할 수 있습니다.

하지만 그럼에도 불구하고 교회는 하나님이 여전히 우리 중에 활동하고 계신다는 증거입니다. 교회는 지금도 예수 그리스도를 통해 하나님을 만나는 사람들이 있으며, 하나님이 당신을 만난 사람들을 한 몸으로 묶고 계신다는 증거입니다. 사람들은 교회를 보고 '싫다' 혹은 '밉다'고 말하지만, 예수 그리스도께서는 여전히 교회를 사랑하시고 귀하게 여기십니다. 교회가 없었다면, 저나 여러분이나 어떻게 예수 그리스도를 알게 되었겠습니까? 전능자 하나님을 향해 "하늘에 계신 우리 아버지!"라고 기도하는 사람들은 교회로 모여야 하며, 교회를 귀하게 여기고 교회를 위해 기꺼이 헌신해야 합니다.

탕부의 마음으로

기도로써 하나님 앞에 나아가 "하늘에 계신 우리 아버지!"라고 부를 때, 예수 그리스도를 주님으로 영접하여 하나님의 자녀로서 회복된 사람들을 가장 먼저 생각해야 합니다. 그러나 거기서 그치면 안 됩니다. 예수 그리스도를 믿지 않고 하나님을 아버지로 섬기지 않는 사람들도 생각해야 합니다. 그들도 하나님의 자녀이기 때문입니다.

믿지 않는 사람들 혹은 다른 종교를 믿는 사람들은, 비유하자면, 집 나간 자식 혹은 부모와 절연하고 사는 자식과 같다고 할 수 있습니다.

그들은 하나님을 '우리 아버지'라고 생각하지 않겠지만, 하늘 아버지는 그들을 여전히 자녀로 여기십니다. 자식이 아버지를 향해 "저는 더 이상 아버지의 자식이 아닙니다"라고 소리치고 가출했다고 해도, 그 아버지에게 그 사람은 여전히 자식입니다.

하나님은 그들을 다시 회복시키기 원하십니다. 우리가 하나님을 아버지로 모시고 산다면, 그리고 그 아버지의 마음을 알아드리는 자식이라면, 우리는 마땅히 잃어버린 자녀들을 찾으시는 하나님의 마음을 알아야 합니다. 그래서 우리는 "하늘에 계신 우리 아버지!"라고 기도할 때마다 하늘 아버지를 떠나 살고 있는 '잃어버린' 형제자매들을 기억해야 합니다.

지난 장에서 우리는 '탕자의 비유'에 나오는 우리의 하늘 아버지가 어떤 분인지를 생각해 보았습니다. 이번에는 그 비유의 후반부, 즉 자기 몫의 유산을 받고 아버지와 함께 살고 있던 큰아들에 대해 생각해 보겠습니다.

큰아들은 가출했던 동생이 돌아오자 그를 받아들이고 잔치를 베풀며 좋아하는 아버지에게 화가 났습니다. 그는 집안에 들어가 잔치에 참여할 마음이 없었습니다. 아버지를 모시고 살았던 나날들이 갑자기 손해처럼 생각되었습니다. 나는 바보라서 이렇게 사는 줄 아는가 싶었습니다. 그때, 아버지가 달려 나와 그를 달랩니다. 그러자 아들이 분통을 터뜨리며 이렇게 말합니다.

나는 이렇게 여러 해를 두고 아버지를 섬기고 있고, 아버지의 명령을 한 번도 어긴 일이 없는데, 나에게는 친구들과 함께 즐기라고, 염소 새끼 한 마리도 주신 일이 없습니다. 그런데 창녀들과 어울려서 아버지의 재산을 다 삼켜 버린 이 아들이 오니까, 그를 위해서는 살진 송아지를 잡으셨습니다.(눅 15:29-30)

마지막에 큰아들이 동생을 가리켜 하는 말에 주목해 보시기 바랍니다. "창녀들과 어울려서 아버지의 재산을 다 삼켜 버린 이 아들"이라고 말합니다. 큰아들은 "나의 이 동생"이라고 말하지 않고 "아버지의 이 아들"이라고 말합니다. 아버지는 그를 아들이라고 여길지 모르지만, 자신은 그를 동생으로 여길 수 없다는 뜻입니다. 그러자 아버지가 큰아들에게 이렇게 대답합니다.

얘야, 너는 늘 나와 함께 있으니 내가 가진 모든 것은 다 네 것이다. 그런데 너의 이 아우는 죽었다가 살아났고, 내가 잃었다가 되찾았으니, 즐기며 기뻐하는 것이 마땅하다.(31-32절)

아버지가 '너의 이 아우'라고 말하는 것에 주목할 필요가 있습니다. 사랑에 아낌이 없었던 '탕부'(prodigal father)는 큰아들의 마음을 위로하며 바로잡아 줍니다. 아버지는 큰아들에게 이렇게 말하고 있는 것입니다. "얘야, 네 심정을 이해한다. 하지만 생각해 보아라. 나의 이 아들은 네 동생이 아니냐? 네 동생이 죽었다가 살아 왔는데, 네가 기뻐해야 하지 않겠니?"

잃어버린 형제와 자매

예수님은 바리새파 사람들과 율법학자들을 겨냥하여 이 이야기를 하셨습니다. 그들은 자신들만 하나님의 자녀로서 자격이 있다고 생각했습니다. 이방인들은 더 말할 것도 없고, 유대인들 중에도 율법을 지키지 않는 사람들은 하나님의 자녀로서 자격을 잃었다고 생각했습니다. 그들은 오직 율법을 잘 지키는 경건한 유대교인들만을 형제로 여겼습니다. 그들은 누구를 만나든, 하나님의 자녀로 불릴 만한 자격이 있는지를 따졌습니다. 그럴 자격이 없다고 판단하면, 가차 없이 차별하고 무시하고 외면했습니다. 예수님은 그들에게 이 비유를 들려주시면서 큰아들의 행동에서 그들 자신의 모습을 보기를 기대하셨습니다.

바리새인들과 율법학자들이 가졌던 태도를 오늘날 믿는 사람들에게서 찾아보는 것은 어려운 일이 아닙니다. 자신은 틀림없이 구원받았다는 자만심, 복음을 수호한다는 구실로 믿음의 형제자매들을 판단하고 정죄하는 영적 교만, 그리고 '잃어버린 형제자매들'을 '하나님이 버린 자식'으로 생각하는 배타성을 기독교인들에게서 자주 목격하게 됩니다. 그러면서 자신의 믿음이 좋고, '보수요 정통'이라고 생각합니다. 어떤 교파에서는 가톨릭을 이단으로 규정할 뿐 아니라, 대다수의 다른 교파들을 이단으로 규정하고 오직 자기 교파만이 구원의 진리를 독점하고 있다고 주장합니다. 이러한 태도로 인해 오늘날 기독교는 점점 매력을 잃어 가고 있습니다.

저의 아버지는 형제가 여럿 있었는데, 그 중 한 형제가 자주 집을 나가 할머니의 속을 썩였습니다. 자식이 많다 보면 그 중에 '검은 염소'가 있게 마련이지요. 저의 할머니는 집 나간 자식을 위해 늘 눈물로 기도하고, 때론 시름시름 앓기도 하셨습니다. 그런 모습을 지켜보다 못해 맏아들인 아버지는 동생을 찾아 나서곤 했습니다. 그 동생을 데려다 놓아야만 어머니가 웃으며 사실 수 있었기 때문입니다.

우리에게도 집 나간 형제자매가 있다는 것을 아십니까? 하늘 아버지를 떠나 자신의 인생을 탕진하고 있는 '잃어버린' 형제자매들에 대해 우리는 애틋하고 간절한 마음을 가지고 있습니까? 집 나간 자식을 향한 하늘 아버지의 아픔을 공감하고 있습니까? 혹시나 '그건 나와 상관없는 일이고, 나만 잘 믿으면 되는 거 아니냐?'라고 생각하고 있는 것은 아닙니까? 그렇지 않습니다. 하늘에 계신 하나님은 '우리 아버지'이십니다. 모든 인류의 아버지이십니다. 그분은 당신을 떠난 혹은 당신을 모르고 어둠 속에서 살아가는 자식들을 찾아 회복시키기를 원하십니다. 인간이 비로소 참된 행복을 찾는 것은 그를 지으신 하늘 아버지 품에 돌아올 때에만 가능하기 때문입니다.

전도를 하자는 것은 교회를 키우자는 뜻도 아니요 기독교 세력을 확장시키자는 뜻도 아닙니다. 잃어버린 자녀들에 대한 하나님의 근심을 풀어 드리자는 뜻입니다. 잃어버린 내 형제자매를 되찾자는 뜻입니다. 잃어버린 형제자매들을 위해 기도하며 그들을 하늘 아버지 앞에 인도하려는 열심을 품은 사람들만이 "하늘에 계신 우리 아버지!"라고 마음껏 부를 수 있습니다. '잃어버린' 형제자매들에 대한 관심도 없고 열심도 없는 사람은 "하늘에 계신 우리 아버지!"라고 부를 때마다 양심에 울리는 하늘 아버지의 음성을 들어야 합니다. "너는 네 형제자매들을 향한 내 마음의 아픔을 알고 있느냐?"

우리가 복음이 미치지 못한 곳에 나가 선교하자는 것은 하나님의 집을 떠나 고통 중에 사는 사람들을 찾아가 형제자매로서의 책임을 다하자는 뜻입니다. 하나님을 떠난 결과 겪는 고통을 덜어주고 하늘 아버지께 돌아오도록 인도하는 것이 선교입니다. 잃어버린 자녀들에 대한 하늘 아버지의 아픔을 안다면, 우리는 선교하는 데 인색할 수 없습니다. 집 나가 굶고 있는 동생을 찾아가 밥을 사서 먹이고 옷을 사서 입히는 형처럼, 우리도 그렇게 해야 합니다.

따라서 우리는 모두 예수 그리스도의 은혜를 힘입어 '하늘에 계신' 하나님을 만나도록 힘써야 합니다. 그 하나님이 '하늘에 계시다'는 것이 무슨 의미인지를 마음 깊이 깨달아야 합니다. 또한 그 전능자 하나님을 '아빠'라고 부를 만한 담력을 예수 그리스도 안에서 얻어야 합니다. 전능자 하나님을 그렇게 친근하게 체험하고 사귀어야 합니다.

뿐만 아니라, 그 하나님이 나의 아빠일뿐 아니라 내 이웃의 아빠요, 내 원수의 아빠이며, 무신론자들의 아빠이고, 다른 종교인들의 아빠임을 기억해야 합니다. 인종이 어떻든, 종교가 어떻든, 국적이 어떻든, 성별이 어떻든, 누구를 만나든지 그 사람을 하나님의 자녀로 대할 수 있어야 합니다. 하나님을 "우리 아버지!"라고 부르면서, 같은 믿음을 가진 사람들과 연대하여 거룩한 몸을 이루고, 하나님의 잃어버린 자녀들 곧 우리의 잃어버린 형제자매들을 찾아 회복시키기 위해서 할 일을 찾아야 합니다.

이렇게 본다면, "하늘에 계신 우리 아버지!"라는 말만으로도 충분한 기도가 될 수 있음을 알게 될 것입니다. 이 한마디 부름에 우리가 알아야 할 것과 우리가 행해야 할 것이 함축되어 있기 때문입니다. 우리가 "하늘에 계신 우리 아버지!"라고 부를 때마다, 그 단어 하나하나에 담긴 깊고 큰 의미가 마음에 울리고, 그 뜻이 우리의 삶을 통해 실현되기를 바랍니다.

하늘에 계신 우리 아버지여!
아버지를 아버지답게 알게 하소서.
하늘에 계신 우리 아버지여!
교회와 인류를 향한 아버지의 마음을 알게 하소서.
하늘에 계신 우리 아버지여!
아버지에게 더 가까이 가게 하소서.
아멘.

묵상과 토의 문제

1_ 당신은 '따로' 또 '같이'를 얼마나 잘하고 있습니까? 둘 중 어느 것이 더 강하고 어느 것이 더 약합니까? 어떻게 하면 균형을 잡을 수 있을까요?
2_ 당신은 교회를 얼마나 귀중하게 여기고 있습니까? 교회를 향한 당신의 사랑을 어떻게 표현하고 있습니까?
3_ 당신은 하나님의 잃어버린 자녀들 즉 당신의 잃어버린 형제자매들에 대해 얼마나 안타까움을 느끼고 있습니까? 전도와 선교를 위해 구체적으로 무엇을 하고 있습니까?

2부 하나님을 위한 기도

5. 내가 아니라 하나님이다

"아버지의 이름을 거룩하게 하시며"

믿음의 방향 전환

지금 이 글을 읽는 독자들은 정도의 차이가 있기는 하겠지만 대부분 하나님을 믿는 분이거나 혹은 믿으려는 분일 것입니다. 그렇다면, 당신은 왜 믿습니까? 예수 그리스도를 믿는 목적이 무엇입니까?

보통 나오는 답은 말할 것도 없이 '구원 받기 위해!'입니다. 예수 그리스도를 통해 구원을 얻고 그 구원을 지키고 완성하기 위해서는 모든 수고와 헌신을 아끼지 말아야 한다고 생각합니다. 실제로 성경에서 그 같은 말씀을 찾는 일은 어렵지 않습니다. 예수님은 당신이 오신 목적에 대해 이렇게 말씀하셨습니다.

인자는 섬김을 받으러 온 것이 아니라 섬기러 왔으며, 많은 사람을 구원

하기 위하여 치를 몸값으로 자기 목숨을 내주러 왔다.(막 10:45)

요한은, 성부 하나님이 예수님을 이 세상에 보내신 목적에 대해 이렇게 정리했습니다.

하나님께서 아들을 세상에 보내신 것은, 세상을 심판하시려는 것이 아니라, 아들을 통하여 세상을 구원하시려는 것이다.(요 3:17)

바울 사도는 빌립보 교인들에게 다음과 같이 권면합니다.

두렵고 떨리는 마음으로 자기의 구원을 이루어 나가십시오.(빌 2:12)

이와 같은 말씀들을 인용하자면 한이 없습니다만, 위에 인용한 말씀만 보아도 "구원받기 위해 예수 믿는다"는 말은 정답임을 알 수 있습니다. 우리 중에는 태어나면서부터 믿음의 길 위에 서게 된 사람도 있고, 중간에 믿게 된 사람도 있습니다. 어떤 사람들은 기진맥진한 영혼을 끌고 구원을 찾아 예수 그리스도 앞에 무릎을 꿇기도 합니다. 사정이 어떻든, 믿음의 길에 서 있는 이유는 구원을 받기 위해서 혹은 받은 구원을 지키고 완성시키기 위해서라 할 수 있습니다.

그런데 그것이 충분한 대답이 아니라는 사실을 아십니까? '아니, 구원받기 위해 예수를 믿는다는 대답이 왜 충분하지 않은가?'라고 의아

해하실 분이 있을 것입니다. 그렇게 말하는 이유가 있습니다.

우리는 누구나 예수 그리스도 앞에 무릎을 꿇을 때는 '나 자신의 구원'을 간절히 바랍니다. 거기에는 예외가 없습니다. 하지만 예수 그리스도 안에서 전능자 하나님을 만나고 그분을 하늘 아버지로 섬기고 살다 보면, 믿음의 목적이 나로부터 하나님에게로 옮겨집니다. 하나님을 깊이 알면 알수록 나는 작아지고 하찮아지며, 하나님은 커지고 중요해집니다. 전능자 하나님 앞에서 나는 아무것도 아님을 깨닫습니다. 내가 하나님 앞에 서 있다는 사실을 자각하는 순간, 그리고 '하늘에 계신' 그분이 어떤 분인지를 자각하는 순간, 내가 믿는 것은 나를 위한 것이 아니라 그분을 위한 것임을 깨닫는 것입니다.

시스티나 성당 천장에 그려진 미켈란젤로의 "아담의 창조"를 보고 있다고 생각해 보십시오. 저도 직접 본 일은 없습니다만, 사진으로 본 것을 상상만 해도 어떤 감정일지를 짐작하는 것은 어렵지 않습니다. 그 아름다움에 매료되는 순간, 우리는 자신을 망각합니다. 그처럼 하나님이 어떤 분인지를 알고 그분의 현존이 나를 감싸고 있다는 사실을 자각하는 순간, 나를 잊고 오직 그분을 즐기고 찬양하며 감사하게 됩니다. 여기까지 가 보면, 믿음의 목적은 나의 구원이 아니라 하나님을 알고 그분을 찬양하며 그분을 높이는 것임을 알게 됩니다. 이것은 믿음의 여정에서 꼭 한 번 겪어야 하는 전환의 사건입니다.

그러므로 "왜 믿으십니까?"라고 누가 물으면, "나를 구원하신 예수님의 이름을 높이기 위해 믿습니다" 혹은 "나를 지으신 하늘 아버지의 영광을 위해 믿습니다"라고 답하는 데까지 나아가야 합니다. "당신은 예수 믿기 위해 왜 그 고생을 합니까?"라고 누가 물으면, "나를 구원하신 하나님의 영광을 위해서라면, 이쯤은 아무것도 아닙니다"라고 고백할 수 있어야 합니다. 머리로 암기해서 말하는 것에 그치지 말고, 경험으로 깨달아 그렇게 살고 또한 답할 수 있어야 합니다.

하나님의 영광에 취하다

이 진리가 예수님이 가르쳐 주신 주기도 안에 담겨 있습니다. 주기도 첫머리에서 "하늘에 계신 우리 아버지!"라고 말문을 여신 예수님은 여섯 가지의 청원을 올리십니다. 처음의 셋은 하나님에 관한 청원입니다. 영어로 'Thou Petitions'라고 부릅니다.

1) 아버지의 이름을 거룩하게 하소서.
2) 아버지의 나라가 오게 하소서.
3) 아버지의 뜻이 하늘에서와 같이 땅에서도 이루어지게 하소서.

다음에 이어지는 셋은 기도자 자신에 관한 것입니다. 영어로 'We Petitions'라고 부릅니다. "하늘에 계신 나의 아버지!"가 아니라 "하늘에 계신 우리 아버지!"라고 말문을 여신 주님은 계속하여 '우리'를 주어로 사용하십니다.

4) 오늘 우리에게 일용할 양식을 주소서.

5) 우리가 우리에게 잘못한 사람을 용서하여 준 것같이 우리의 죄를 용서하여 주소서.

6) 우리를 시험에 빠지지 않게 하시고 악에서 구하소서.

앞으로 여섯 가지 청원들을 하나씩 묵상할 예정인데, 그 전에 이 청원의 순서에 주목할 필요가 있습니다. 기도자 자신의 필요를 구하기 전에 먼저 하나님에 대해 기도해야 한다는 사실을, 예수님은 이 순서를 통해 가르치십니다. 기도에서 하나님이 가장 중요한 관심사가 되어야 한다는 뜻입니다.

사람들이 기도의 필요성을 느끼는 이유는 대부분 자신의 문제 때문입니다. 기도 생활에 꽤 열심을 내는 사람들도 대부분 '응급조치식 기도'에 머물러 있습니다. 문제가 생길 때마다 기도의 자리로 나와 울고불고 떼를 쓰다가, 문제가 사라지면 기도를 멈춥니다. 그런 사람들에게 기도란 하나님께 보내는 SOS 신호와 같습니다. 그런가 하면, 항상 기도의 자리를 찾는 분들도 있습니다. 그러나 자신의 필요와 문제가 중심에 자리 잡고 있는 경우가 많습니다. 나의 관심사 때문에 하나님 앞에 나아가 기도하는 것입니다.

예수님은 이 단계로부터 성장하기를 기대하십니다. 나 중심의 기도에서 하나님 중심의 기도로 전환되어야 합니다. 그렇게 되려면, 깊은 기도를 통해 하나님을 대면해야 합니다. 말씀과 묵상과 기도를 통해 전능자 하나님을 만나야 합니다. 그분이 어떤 분인지를 깨달아야 합니다. 그렇게 되면, 기도의 초점이 저절로 바뀝니다. 시편 8편에서 다윗은 하나님이 어떤 분인지를 경험하고 이렇게 고백했습니다.

주 우리 하나님,
주님의 이름이 온 땅에 어찌 그리 위엄이 넘치는지요?
저 하늘 높이까지 주님의 위엄이 가득합니다.(1절)

하나님의 현존 앞에 서는 순간, 미켈란젤로의 그림 앞에서 자신을 잊고 탄성을 연발하듯, 우리는 하나님의 위엄과 영광을 찬양하고 경배하는 일에 몰두하게 됩니다. 찬양과 경배의 기도를 드리다 보면, 우리는 어느새 우리를 에워싼 문제들로부터 들려 올려지고 있음을 발견합니다. 하나님의 영광이 우리의 초라한 삶 속에 깊이 스며 있음을 발견합니다. 그래서 다윗은 계속하여 이렇게 노래합니다.

사람이 무엇이기에
주님께서 이렇게까지 생각하여 주시며,
사람의 아들이 무엇이기에
주님께서 이렇게까지 돌보아 주십니까?(4절)

기도를 통해 하나님을 대면할 때, 우리 존재가 하나님에 비해 너무도 보잘것없다는 것을 깨닫게 되고, 그 하찮은 존재에게 마음을 주신 하나님께 감사하고 감격하게 됩니다. 그렇기 때문에 기도의 자리로 가지고 나온 모든 청원들을 잠시 물려 놓고 하나님을 찬양하고 감사하는 기도에 몰두하게 됩니다. 그 시간이 얼마나 감미롭고 황홀한지 모릅니다. 그 순간, "세상과 나는 간 곳 없고 구속한 주만 보이도다"라는 찬송가 가사가 진실임을 경험하게 됩니다.

그렇게, 하나님의 존귀와 위엄과 영광에 잠겨 있다가 우리는 서서히 자신의 문제로 기도의 관심을 돌립니다. 우리는 기도하기 전과는 전혀 다른 눈으로 우리의 문제들을 보게 됩니다. 하나님의 존귀와 위엄과 영광에 잠겨 있다 보면, 마음의 눈이 맑게 씻기기 때문입니다. 하나님의 눈으로 우리의 문제들을 볼 수 있는 능력이 생깁니다. 그럴 때, 우리의 문제에 대해 무엇을 구해야 하는지를 알게 됩니다. 기도를 시작하자마자 자신의 문제들을 붙들고 애걸복걸하는 사람과는 전혀 다른 차원에서 기도하게 되는 것입니다.

하나님, 하나님이 되소서

하나님을 위한 첫 번째 청원은 "아버지의 이름을 거룩하게 하소서"입니다. 원문을 직역하면 "당신의 이름이 거룩해지소서"입니다. 요즈음에는 하나님을 향해 '당신'이라고 부르는 것이 보편화되고 있지만, 원래 손윗사람에게 '당신'이라고 부르는 것은 어법에 맞지 않다고 보아서 이 번역은 '당신의'를 '아버지의'라고 의역했습니다. 또한 원문에는 수동태로 되어 있는데, 의미가 더 잘 전달되도록 능동태로 바꾸었습니다.

예수님 당시의 문화에서 이름은 아주 중요한 의미를 가졌습니다. 서양 문화에서는 첫 만남에서 이름을 주고받습니다. 이름을 하나의 기호처럼 생각하기 때문입니다. 반면, 동양 문화에서는 상대방과 어느 정도의 관계가 형성되어야만 비로소 '통성명'이라는 것을 합니다. 상대방에게 내 이름을 알려 준다는 것은 그 사람을 믿고 자신을 연다는 뜻입니다. 이름은 하나의 기호가 아니라 자신의 일부라고 생각하기 때문입니다.

우리 교회 교우 중 정치적인 문제로 감옥 생활을 한 분이 계십니다. 그분의 회고록을 읽으면서 이름에 대한 부분에서 아주 깊이 공감했습니다. 감옥에 들어가자, 죄수 번호를 주면서 앞으로는 그 번호로 불리게 될 것이라고 말하더랍니다. 그 순간, '이곳에서는 내가 사람이 아니구나!'라는 생각이 들었다고 합니다. 이름을 기호로 생각하는 사람은 번호로 불리는 것이 그리 큰 변화가 아닐 것입니다. 하지만 이름을 자신의 분신처럼 여기는 사람에게 자기가 번호로 불리는 것은 인간성을 부인당하는 것과 같이 중대한 일입니다.

예수님은 이름을 중요하게 여기는 문화권에 사는 사람들에게 "아버지의 이름을 거룩하게 하소서"라고 기도하라고 가르치셨습니다. 따라서 이 기도는 "하나님이 거룩히 여김을 받으소서"라고 기도하는 것과 다르지 않습니다. 십계명에도 하나님의 이름에 관한 항목이 있습니다.

> 너희는 주 너희 하나님의 이름을 함부로 부르지 못한다.
> 주는 자기의 이름을 함부로 부르는 자를 죄 없다고 하지 않는다.(출 20:7)

이 말씀을 보면, '하나님의 이름'은 '하나님 자신'을 가리킵니다. 영이신 하나님은 우리 인간에게 그분의 이름을 주셨습니다. 하나님에게 속한 것 중에서 우리가 어찌할 수 있는 것은 오직 그분의 이름뿐입니다. 그 이름은 하나님의 일부입니다. 따라서 하나님의 이름을 함부로 부르는 일은 하나님 자신을 함부로 대하는 것과 같습니다. 이런 뜻에서 예수님은 "아버지의 이름을 거룩하게 하소서"라고 기도하십니다.

'거룩'이라는 말에 해당하는 히브리어는 '카도쉬'(*kadosh*)입니다. 이 말은 원래 '구별하다'라는 뜻입니다. '하나님이 거룩하시다'라는 말은 '하나님은 전적으로 다른 분이시다'라는 뜻입니다. 창조주 하나님은 피조물과는 전적으로, 질적으로 다른 분이십니다. 하나님은 영원하시고, 피조물은 유한합니다. 하나님은 영이시고, 피조물은 물질입니다. 하나님은 시간과 공간을 초월하시고, 피조물은 그 한계에 갇혀 있습니다. 하나님은 모든 선과 진리와 정의와 아름다움에서 흠이 없으시고, 피조물은 무엇이 선인지, 진리가 무엇인지, 정의를 어떻게 이루어야 하는지 알지 못합니다. 그 다름을 인정하는 것이 그분을 거룩하게 여기는 것입니다.

"아버지의 이름을 거룩하게 하소서"라는 말을 뒤집으면 "사람들로 하여금 아버지 하나님을 거룩하게 여기게 하소서"라는 뜻이 됩니다.

따라서 이 기도는 이 세상의 모든 피조물, 특히 모든 인간이 하나님의 구별되심을 알아보고 하나님을 하나님답게 인정하게 되기를 비는 기도입니다. 그러므로 이 기도는 하나님을 위한 기도인 동시에 기도자 자신과 모든 인류에 대한 기도이기도 합니다. 하나님이 어떤 분인지, 피조물과 얼마나 다른 분인지를 모든 인류가 알게 되기를 기원하는 것입니다.

우리 주변에서 하나님에 대해 말하는 것을 들어 보시기 바랍니다. 하나님이 얼마나 형편없이 취급받고 있습니까? 앞 장에서 제퍼슨 벳키의 영상 "나는 왜 종교를 미워하고 예수를 사랑하는가"를 소개했습니다. 이 영상이 많은 관심을 끌자, 그 내용에 대해 찬성하거나 반대하는 영상이 줄줄이 올라왔습니다. 그 중 "나는 종교도 싫고 예수도 싫다"(I Hate Religion, And Jesus Too)라는 제목의 영상도 있습니다. 저는 '혹시나?' 싶어서 그 영상을 조금 보다가 꺼 버렸습니다. 거기에 나오는 사람의 표정과 말에서 느껴지는 극단적인 세속성과 야만성을 참을 수 없었습니다.

시편에 보면, "주위에는 악인들이 우글거리고, 비열한 자들이 사람들 사이에서 높임을 받습니다"(12:8)라는 구절이 나오는데, 실로 요즈음이야말로 '비열함이 칭송받는 시대'라고 할 수 있습니다. 그 영상을 끄고서 저는 속으로 탄식하며 이렇게 자문했습니다. "예수 그리스도가 얼마나 하찮게 알려졌기에 '나는 예수를 미워한다'고 거침없이 말하게 되었을까?" 실로, 비열함이 인기를 끄는 이 시대에 우리는 더욱더 열심으로 이 기도를 드려야 하겠습니다.

하늘 아버지, 아버지의 이름이 거룩히 여김을 받으소서.
이 땅의 모든 이들이 하나님이 어떤 분인지를 알게 하소서.
하나님을 하나님답게 알게 하시고, 하나님답게 섬기게 하소서.
아버지의 이름이 온 땅에서 높임 받으소서.
아버지의 이름만이 홀로 높아지소서.
이 세상 모든 사람들이 아버지의 이름 앞에 무릎 꿇게 하소서.

하나님의 거룩하심만이 이 세상을 구원할 수 있습니다. 예수가 밉다고 말하는 사람의 얼굴에서 보이는 그 야만성을 치유할 능력은 오직 하나님의 거룩하심밖에 없습니다.

온 땅에서 높아지소서

예수님의 가르침을 따라 "아버지의 이름을 거룩하게 하소서"라고 기도할 때, 우리는 누구보다도 먼저 우리 자신을 생각해야 합니다. 이 기도는 가장 먼저 "하늘 아버지, 저로 하여금 아버지의 이름을 거룩히 여기게 하옵소서"라는 기도가 되어야 합니다. 하나님이 피조물과 얼마나 다른 분인지를 나부터 알아야 합니다. 한 번 알고 끝나는 것이 아닙니다. 인간의 좁은 이해력으로 하나님을 다 아는 것은 불가능한 일입니다. 매일같이 더 알아 가야 합니다. 그럴수록 우리는 그분에게 더 사로잡힙니다. 하나님을 더 깊이 알아 갈수록, 나의 생각과 행동이

변해 갑니다. 그렇게 되면, 나로 인해 하나님의 이름은 더욱 높임을 받으십니다.

"아버지의 이름을 거룩하게 하소서"라는 기도는 또한 이 땅에 사는 모든 인간에 대한 중보 기도이기도 합니다. 모든 사람이 하나님을 하나님답게 알게 되기를 구하는 기도입니다. 우상을 버리고, 잡신을 떠나며, 거짓 신에서 벗어나, 영원하고도 참된 하나님을 알게 되기를 구하는 기도입니다. 하나님을 알지 못하는 사람을 생각하며 우리는 이 기도를 다음과 같이 바꾸어 드릴 수 있습니다. "아버지, 제 아들에게서 거룩히 여김을 받으시옵소서." "아버지, 제 친구에게서 거룩히 여김을 받으시옵소서." 또한 하나님의 뜻에서 멀어진 나라들을 마음에 품고 이렇게 기도할 수 있습니다. "아버지, 북한에서 거룩히 여김을 받으시옵소서." "아버지, 이란 땅에서 거룩히 여김을 받으시옵소서."

이런 시각에서 보면, 전도와 선교는 또 다른 면에서 하나님의 이름이 높임 받게 하려는 노력입니다. '전도'는 하나님을 알지 못하는 사람으로 하여금 하나님을 알게 하려는 노력입니다. 하나님을 알게 되면, 그는 스스로 하나님의 이름을 높이게 될 것입니다. '선교'란 하나님의 사랑이 어떤 것인지를 경험하게 하려는 노력입니다. 우리가 전하는 사랑을 통해 하나님의 사랑을 알게 되면, 그 사람은 하나님의 이름을 높일 것입니다. 따라서 하늘 아버지를 향해 "아버지의 이름을 거룩하게 하소서"라고 진실하게 기도하는 사람이라면, 전도와 선교에 적극적이어야 합니다.

하나님의 이름이 높임 받기를 원하는 사람은 이 세상에 만연한 불의와 부정에 대해 가슴 아파합니다. 불의와 부정의 뿌리는 하나님에 대한 불신에 있기 때문입니다. 하나님의 거룩한 피조물인 인간을 억압하고 착취하며 병들게 하는 불의는 가장 먼저 하나님을 모독하는 것입니다. 모든 생명은 하나님의 걸작이기 때문입니다. 그래서 예수님은 지극히 작은 사람에게 행한 것이 곧 당신에게 행한 것이라고 말씀하셨습니다. 사람들이 당하는 억압을 풀어주고, 목소리를 낼 수 없는 이들을 위해 목소리를 내며, 권리를 빼앗긴 사람들을 위해 노력하는 것은 곧 하나님의 이름을 높이는 일이 됩니다.

뿐만 아니라, 우리는 이 기도를 모든 그리스도인과 모든 교회를 향해 계속 올려 드려야 합니다. 예수 그리스도의 이름을 부르는 모든 사람이 자신의 구원과 축복을 위해 믿는 차원에서 벗어나 하나님을 참되게 만나고 하나님의 영광을 위해 살아가게 되기를 기도해야 합니다. 이 땅의 교회들이 자신의 성장과 부흥을 위해 분투하는 차원에서 도약하여 하나님의 영광을 위해 힘쓰는 차원으로 나아가야 합니다. 교회의 성장과 부흥이 잘못이라는 뜻이 아닙니다. 그것은 목적이 아니라 결과로 받는 것입니다. 교회는 오직 하나님의 이름을 높이기 위해 힘쓰면 됩니다.

저는 자주 찢어질 듯한 마음의 아픔을 느끼면서 이 땅의 교회들을 위해 중보합니다. 요즈음 교회가 말이 아니기 때문입니다. 믿는다는 것이 하나님의 영광을 높이자는 것이고, 교회라는 것이 하나님의 이름을 높이기 위해 존재하는 것인데, 어떻게 이렇게 잘못될 수 있나 싶습니다. 그럴 때면, 이 땅의 모든 교회들에게서 "아버지의 이름을 거룩하게 하소서"라고 기도하게 됩니다. 그와 동시에, 저 자신과 우리 교회를 위해 기도합니다. 제가 교회를 섬길 때, 오직 하나님의 이름을 높이는 일에만 집중하게 해 달라고 간절히 기도합니다. 교회가 행하는 모든 일을 통해 하나님이 높임 받으시기를 기도합니다.

다시 한 번 생각해 봅시다. 당신의 믿음의 목적은 무엇입니까? 당신이 하나님께 올리는 주된 기도의 제목이 무엇입니까? 요즈음 얼마나 많은 사람들이 자신의 유익만을 찾아 교회에 다니고 있습니까? 그 같은 이기적 욕심을 채워주기 위해 몸부림치는 '시장형 교회'(market-type church)들이 얼마나 많습니까? 이 교회들은 하나님의 이름을 높이는 일에 관심이 없습니다. 어떻게 하면 더 많은 사람을 모으느냐에 있습니다. 또한 가장 좋은 제품을 파는 교회를 찾아 구름떼처럼 몰려다니는 '소비자형 신자'(consumer-type believer)들이 얼마나 많습니까? 그로 인해 하나님의 이름이 얼마나 더럽혀지고 있는지요!

과연, 우리도 이 정신없는 사람들 속에 들어가 경쟁해야 하겠습니까? 과연, 교회들이 더 많은 사람을 유치하는 경쟁에 참여하여 끝없는 욕망을 불태워야 하겠습니까? 우리는 다시 한 번 깊이 명심해야 하겠습니다. 믿음의 목적은 내가 아니라 하나님이심을, 내 이름이 높아지는 것이 아니라 하나님의 이름을 높이는 것임을, 그리고 하나님을 이용해 나의 유익을 찾는 것이 아니라 나를 통해 하나님의 이름을 높이는 것임을 기억해야 합니다.

하늘 아버지여, 당신의 이름이 거룩히 여김을 받으소서.
저를 통해 아버지의 이름이 높아지소서.
우리 교회를 통해 주님의 이름을 높이소서.
이 땅의 모든 교회들을 회복시키셔서
오직 아버지의 이름을 높이는 일에만 전심하게 하소서.
교회를 찾는 모든 신자들을 축복하셔서
아버지의 이름을 높이는 일을 목적으로 삼게 하소서.
그리하여 이 땅의 모든 사람들이
아버지가 누구이신지를 알아보게 하시고
아버지를 아버지답게 섬기게 하소서.
오, 하늘 아버지,
아버지의 이름이 온 땅에서 높임 받으소서.
아멘.

묵상과 토의 문제

1_ 당신은 믿음의 목적이 무엇입니까? 그 목적에서 전환의 경험이 있었습니까? 하나님을 만나는 영적 도약을 위해 무엇이 필요하겠습니까?
2_ 당신의 삶 속에서 하나님의 이름을 높이기 위해서 어떻게 해야 할까요?

구체적으로 생각해 보십시오.

3_ 전도와 선교가 하나님의 이름을 높이는 가장 중요한 방법이라는 말에 대해 어떻게 생각합니까? 그런 목적으로 전도와 선교를 하면 무엇이 어떻게 달라질까요?

6. 내 나라는 없다

"아버지의 나라가 오게 하시며"

하나님 나라는 어디에 있는가?

주기도에서 예수님은 첫 번째로 "아버지의 이름을 거룩하게 하시며"라고 기도하라고 가르치십니다. '이름'은 하나님 자신을 가리킵니다. "하나님이 거룩하시다"라는 말은 "하나님은 다르시다"라는 뜻이라고 했습니다. 따라서 하나님의 이름을 거룩하게 여긴다는 말은 하나님이 피조물과 얼마나 다른 분인지를 안다는 뜻이며, 그분의 위엄과 영광에 합당하게 그분을 대한다는 뜻입니다.

이어서 예수님은 "아버지의 나라가 오게 하시며"라고 기도하라고 하십니다. "아버지의 나라가 오게 해주십시오"라고 기도하다 보면, "아버지의 나라가 지금 여기에는 없다"는 뜻으로 오해할 수 있습니다. 그같은 오해는 또 다른 질문을 불러옵니다. "하나님의 나라가 지금 여기에 없다면 어디에 있는가?"라는 질문입니다.

많은 이들이 이 질문을 붙들고 씨름했습니다. 하지만 알고 보면 이것은 성립할 수 없는 질문입니다. 질문에 문제가 있으면, 바른 대답을 얻을 수 없습니다. "어디에 있습니까?"라는 질문은 물질에 대해 하는 질문입니다. 한국이라는 나라는 아시아에 있기 때문에 유럽에는 없습니다. 그것이 물질의 나라입니다. 따라서 "하나님 나라가 어디에 있습니까?"라고 묻는 사람은 그 나라가 한국이나 미국과 같은 종류의 나라라고 전제하는 것입니다. 하나님의 나라는 그런 것이 아닙니다.

예수님 당시에 바리새파 사람들이 그렇게 생각했습니다. 그래서 예수님께 "하나님의 나라가 언제 옵니까?"라고 묻습니다. 그러자 그분은 이렇게 대답하십니다.

> 하나님의 나라는 눈으로 볼 수 있는 모습으로 오지 않는다. 또 "보아라, 여기에 있다" 또는 "저기에 있다" 하고 말할 수도 없다. 보아라, 하나님의 나라는 너희 가운데에 있다.(눅 17:20-21)

여기, '너희 가운데'라고 번역한 헬라어는 '너희 안에'라고 번역할 수도 있습니다. 하나님 나라가 우리 '가운데' 있을 수도 있고, 우리 마음 '안에' 있을 수도 있다는 것입니다. 그렇다면 그 나라는 한국이나 미국과 같은 종류가 아님에 분명합니다. 예수님은 이와 비슷한 말씀을 마지막 재판 과정에서 빌라도에게 하십니다.

내 나라는 이 세상에 속한 것이 아니오. 나의 나라가 세상에 속한 것이라면, 나의 부하들이 싸워서, 나를 유대 사람들의 손에 넘어가지 않게 하였을 것이오. 그러나 사실로 내 나라는 이 세상에 속한 것이 아니오.(요 18:36)

하나님 나라가 한국이나 미국과 같은 종류의 나라가 아니라면, "하늘 나라가 어디에 있습니까?"라는 질문이 성립되지 않습니다. 그것은 마치 "공기가 어디에 있습니까?"라고 묻는 것과 마찬가지입니다. 공기는 어디에나 존재합니다. 우리 몸 속에도 있고, 몸 바깥에도 있고, 몸을 에워싸고 있기도 합니다. 집 안에도 있고 집 바깥에도 있으며 지구 반대편에도 있습니다. 마찬가지로, 하나님 나라는 영적인 나라이기 때문에 어디에는 있고 어디에는 없다고 말할 수 없습니다. 하나님 나라는 어디에나 존재하는 나라입니다.

그렇다면 왜 예수님은 "아버지의 나라가 오게 해주십시오"라고 기도하라고 하셨을까요? 하나님의 나라가 어디에나 존재한다면, "오게 해주십시오"라는 기도는 도대체 무슨 뜻입니까? 내 안에도 있고 우리 가운데에도 있다면, 왜 그 나라가 오게 해 달라고 기도해야 합니까?

하나님 나라를 위한 기도

"아버지의 나라가 오게 해주십시오"라는 기도는 지금 여기에 없는 나라가 오게 해달라고 구하는 기도가 아니라, 우리 안에도 있고 우리 중에도 있고 우리 바깥에도 있는 그 나라가 더 환히 드러나게 되기를 구하는 기도입니다. 이 기도는 기도자의 상황에 따라 여러 의미를 가집니다.

첫째, 믿지 않는 사람을 생각하면서 "아버지, 그 친구에게 아버지의 나라가 오게 해주십시오"라고 기도한다면, 그것은 "그 사람이 예수 그리스도를 주님으로 영접하고 하나님 나라를 보게 해주십시오"라고 기도하는 것입니다.

하나님의 나라가 우리 가운데 엄연히 존재하는데도, 죄악에 물든 인간은 그 나라를 인정하려 하지 않고 자신의 손으로 자신의 나라를 세우기 위해 힘씁니다. 하나님 나라는 영적인 나라이기 때문에 무시하자면 쉽게 무시할 수 있습니다. 그래서 간혹 하나님 나라가 마음의 눈에 보이는데도 외면합니다. 하나님 나라를 아는 사람들은 그 나라를 모르는 사람들을 향하여 "아버지의 나라가 임하게 해주십시오"라고 기도해야 합니다. 예수 그리스도를 주님으로 영접하는 사람은 그 나라를 보게 되고 그 나라 안에서 살아가게 됩니다.

둘째, 예수 그리스도를 믿는 사람이 자신을 위해 "아버지의 나라가 오게 해주십시오"라고 기도할 수 있습니다. 이 기도는 그 나라를 더 분명히 보게 해달라는 기도이며, 더 깊이 하나님의 다스림에 맡기고 살게 해달라는 기도이고, 또한 그 나라의 시민답게 살게 해달라는 기도입니다.

데이비드 팀스(David Timms)는 "당신의 나라가 임하시옵소서!"("Thy Kingdom come!")라는 기도를 뒤집으면 "내 나라가 끝나게 하옵소서!"

("My kingdom done!")라는 기도가 된다고 말했습니다. 기막힌 통찰입니다. 예수 그리스도를 믿는 사람은 자신의 나라를 포기하고 하나님의 나라를 소망하는 사람입니다. 이 땅에서 하나님 나라의 시민으로 살아가는 사람입니다. 그것은 한 번에 완전히 이룰 수 없는 일입니다. 그래서 매일 이렇게 기도해야 합니다.

셋째, "아버지의 나라가 오게 해주십시오"라는 기도는 또한 이 세상에 대한 중보 기도이기도 합니다. 이 세상의 모습이 하나님 나라와 너무 큰 차이가 있기에 우리는 간절한 마음으로 "아버지의 나라가 속히 오게 해주십시오"라고 기도합니다. 하나님 나라를 보는 이들이 더 많아지고 그 나라의 시민으로 사는 이들이 더 많아져서 이 세상이 좀더 하나님 나라의 모습에 가까워지도록 기도하는 것입니다. 이 땅에 사는 하나님 나라의 시민들은 이 땅에서 보는 그 어떤 제도에도, 그 어떤 이념에도, 그 어떤 국가에도 만족할 수 없습니다. 믿는 사람들의 이상은 하나님 나라이기 때문입니다. 그러므로 믿는 사람들은 하나님 나라의 절대적인 이상을 품고 이 땅의 모든 제도와 이념을 바라보고 그것을 성숙시키기 위해 힘써야 합니다.

넷째, "아버지의 나라가 오게 해주십시오"라는 기도는 또한 예수 그리스도의 재림과 함께 이루어질 새 하늘과 새 땅을 소망하고 기다리는 기도입니다. 우리가 지금 믿음으로만 볼 수 있는 하나님 나라가 부인할 수 없는 현실로 드러나는 날을 기다리며 드리는 기도입니다. 그 날이 오기까지 우리는 성령의 능력을 힘입어 하나님의 정의가 실현되

도록 힘씁니다. 동시에, 속히 그날이 와서 모든 것이 회복되고 바로잡
히기를 기도합니다. 그날이 오기 전에는 하나님 나라가 완전하게 임하
는 것을 볼 수 없기 때문입니다.

천국의 나그네

"아버지의 이름을 거룩하게 하소서"라는 기도를 먼저 하고 "아버지의
나라가 오게 하소서"라는 기도를 그 다음에 하는 이유가 있습니다. 첫
째 기도가 이루어져야만 둘째 기도가 이루어질 수 있습니다. 즉, 하나
님이 얼마나 다른 분인지, 그 존귀와 권세와 영광이 얼마나 큰 분인지,
진리와 정의와 선과 아름다움에서 얼마나 완전한 분인지를 깨달아 알
아야만, 그분을 향해 "오, 하늘 아버지여, 당신을 저의 왕으로 모시기
를 원합니다. 저를 받아 주십시오"라고 기도하게 될 것입니다. 그분을
왕으로 모시는 순간, 우리는 하나님 나라의 시민이 됩니다.

　나라를 바꾼다는 말은 자신의 통치자를 바꾼다는 뜻입니다. 일제
강점기에 우리 민족이 그토록 독립과 해방을 갈망한 이유 중 하나는
일본의 천황을 왕으로 섬길 수 없기 때문이었습니다. 미국에 이민 온
사람들은 편의상 국적을 바꿉니다. 미국 시민권을 받는 것이 조국을
바꾸는 것이며 최종적인 충성의 대상을 바꾸는 것이라고 생각한다면,
선뜻 국적을 바꾸지 못할 것입니다. 그래서 수십 년 동안 영주권에 만
족하는 사람들도 있습니다. 시민권을 받고 나서도 여전히 한국을 조국

으로 생각하고 한국 대통령을 자신의 대통령으로 생각하는 사람들도 많습니다. 나라를 바꾼다는 것은 부모를 바꾸는 것만큼이나 어려운 일이기 때문입니다.

그리스도인들은 기꺼이 하늘 아버지를 왕으로 선택합니다. 그분이 누구인지 알고 나면, 서슴없이 그렇게 하게 됩니다. 이 땅의 그 누구와도 비교할 수 없는, 전적으로 다른 전능자 하나님을 왕으로 섬긴다는 것은 더없이 영예로운 일입니다. 그 왕이 다스리는 나라의 시민이 되었다는 것은 자랑스럽고도 영광스러운 일입니다.

그렇기 때문에 그리스도인은 누구나 이중 국적자입니다. 한 가지 국적은 그 사람의 여권에 찍혀 있는 나라이고, 다른 하나는 영원한 하나님의 나라입니다. 두 개의 국적 중에서 우선적인 충성의 대상은 하나님 나라입니다. 이 땅의 시민권은 한시적인 것이지만, 하늘의 시민권은 영원하기 때문입니다.

그리스도인은 하나님 나라의 시민으로서 이 땅에서 살아가는 사람들입니다. 우리는 하나님 나라의 시민으로서 생각하고 말하고 선택하고 행동합니다. 우리는 땅의 나라에서 경험하는 정의와는 비교할 수도 없는 하나님 나라의 정의를 따라 살아갑니다. 우리는 땅의 가치관에 비할 수 없는 하늘 나라의 가치관을 배우고 그것에 따라 살아갑니다. 이 땅의 법과 질서를 존중하지만, 그것이 하나님 나라의 질서와 일치하지 않으면 때로는 '거룩한 불복종'의 길을 갑니다. 그렇게 하여 하나님 나라의 정의가 이루어지면, 결국 이 세상은 더 행복한 곳이 될 것임을 믿기 때문입니다.

그렇기 때문에 이 땅에서 하나님 나라의 시민으로 사는 사람들은 '이방인' 혹은 '나그네'와 같습니다. 성경이 믿는 사람들을 그렇게 부릅니다. 세상 사람들과 다르게 살기 때문입니다.

어느 교우께서 세게 말씀하셨습니다. "사람들이 저와 이야기를 나누다 보면, 제가 충청도 사람이란 것을 알아차립니다. 40여년 인생 중에 충청도에서 산 것은 고작 5년인데, 티를 안 내려고 해도 기가 막히게 알아봅니다. 그런데 제가 믿는 사람이라는 사실은 알아차리지 못하거든요. 20년도 넘게 믿었는데 말이죠. 이거, 문제 있는 거 아닙니까?"

저는 그분의 말씀을 곧이듣지는 않습니다. 그만큼 믿었으니 분명히 뭔가 다른 점이 있을 것입니다. 그래도 저는 믿는 사람이면 모두가 진지하게 자신에게 그 질문을 물을 필요가 있다고 생각합니다. 하나님 나라를 믿고 그 나라의 시민으로 살고 있다면, 미국에서 제가 한국 사람이라는 사실만큼이나 분명하게 그 사실이 드러나야 마땅합니다.

저는 성경에서 나그네라는 단어를 만날 때마다 박목월의 시 "나그네"를 생각합니다. 박목월 선생은 경건한 그리스도인이었고, 그분의 시에는 기독교적 사상이 은밀하게 그러나 진하게 배어 있습니다. "나그네"는 기독교적 인생관을 아름다운 그림 언어로 표현한 명작입니다. 성경에 시편이 모두 150편인데, 저는 이 시를 덧붙여 151편으로 만들었으면 싶습니다.

강나루 건너서

밀밭 길을

구름에 달 가듯이

가는 나그네

길은 외줄기

남도 삼백 리

술 익는 마을마다

타는 저녁 놀

구름에 달 가듯이

가는 나그네

구름에 달 가는 모습을 보셨습니까? 그것처럼 신비로운 모습이 또 있을까요? 구름과 달이 어디선가 부딪힐 것 같고 얽힐 것 같은데, 아무 거침 없이, 구름이 가는지 달이 가는지 모르게, 흐르는 물에 배가 실려 가듯, 그렇게 지나갑니다. 이 세상에서 나그네로 살아가는 그리스도인들이 그래야 합니다. 이 세상에 붙들리지 말아야 합니다. 물질에 사로잡히지 말아야 합니다. 필요한 대로 물질을 받아 사용하지만, 언제든지 놓고 떠날 수 있는 영적 자유가 있어야 합니다.

나그네가 가는 길은 외줄기 길입니다. 돌아올 길이 없습니다. 다른 사람은 알 수 없는 목적지를 향해 끝없이 걸어가는 길입니다. 그 길은 인적이 드문 남도 삼백 리 길과 같습니다. 그 길을 걷는 것이 때로는 지치고 때로는 외롭습니다. 저녁 노을이 질 때, 술 익는 마을에서 잠시 머물러 쉽니다. 그렇게 머물면서 자신이 할 수 있는 일을 하고, 떠날 때가 되면 다시금 구름에 달 가듯이 아무것도 거침없이 걸어갑니다. 마을 사람들은 그의 이름도 성도 모르지만, 이 세상 사람 같기도 하고 아닌 것 같기도 한 그 나그네의 자취를 통해 하나님 나라를 생각하게 될 것입니다.

그러므로 만일 진실로 예수 그리스도를 믿고 하나님 나라를 믿는다면, 다음과 같이 스스로 물어 보아야 합니다. "과연 그 나라에 대한 믿음이 우리에게 이 같은 여유와 자유를 만들어 주는가?" 왜 이 시대에 기독교인들은 믿지 않는 사람들보다 더 욕심과 집착이 많고 더 세속적으로 보일까요? 하나님 나라를 아는 사람답게, 주어진 일에 신실하되 집착하지 않고, 떠날 때 떠날 줄 알고, 버릴 때 버릴 줄 아는 영적 자유가 보이지 않는 것일까요? 우리가 심각하게 잘못 믿고 있는 것은 아닐까요?

나그네 공동체

하나님을 향하여 "아버지의 나라가 오게 하소서"라고 기도하며 이 땅에서 나그네로 살아가는 사람들은 교회를 소중하게 여깁니다. 나그네 길을 가는 일에서 그리고 하나님 나라가 이 땅에 임하는 과정에서 교회는 더없이 중요한 존재이기 때문입니다.

첫째, 교회는 하나님 나라에 대해 배우는 학습장입니다. 이 세상 그 어디에서도 하나님 나라에 대해 그리고 하나님 나라를 사는 법에 대해 가르치지 않습니다. 오늘날 학교에서 하나님은 더 이상 입에 담아서는 안 되는 말로 취급당하고 있습니다. 교육에서는 하나님 나라가 아니라 땅의 나라가 관심의 대상입니다. 텔레비전, 음악, 영화, 게임 등 현대인들의 눈과 귀를 사로잡고 있는 매체들도 하나님 없는 세상을 보여 줍니다.

안타까운 사실은 교회조차도 자주 하나님 나라에 대해 침묵하고 땅의 나라에서 승리하는 법을 가르치고 있다는 것입니다. 하나님 나라를 사는 것은 세상 나라에서 승리하고 싶어 하는 사람에게 별 매력이 없어 보이기 때문입니다. 하지만 교회는 이 '매력 없는 복음'을 계속 설교해야 합니다. 그것이 진정으로 사람을 살리고 세상을 구원하기 때문입니다.

둘째, 교회는 하나님 나라의 삶을 실습하는 현장입니다. 외롭고 힘든 나그네 길을 가는 사람이 길벗을 만나면 얼마나 큰 위안이고 힘인지 모릅니다. 교회는 나그네들이 서로 친구가 되어 함께 길을 걷는 '나그네 공동체'입니다. 이 공동체는 높은 사람은 낮아지고 낮은 사람은 높아지는 거룩한 질서를 실험하는 현장입니다. 경제력이나 사회적 지위에 따라 사람을 차별하지 않고 오직 그 사람에게 주어진 하나님의 형상을 보고 누구나 동등하게 대접하는 새로운 질서를 실험하는 곳입니다. 믿음이 커 갈수록 낮아지고 섬기는 것을 실험하고, 원수까지도 품고 사랑하는 법을 실험하는 곳입니다. 더 많이 가져서 행복해지는 것이 아니라, 내 것을 나눔으로써 행복해지는 새로운 기쁨을 경험하는 곳입니다. 교회가 아니고는 이 같은 실험을 할 곳이 없습니다. 교회에서 이 같은 삶을 실험하지 않고는 이 세상에서 하나님 나라의 시민으로 살아 갈 수 없습니다.

셋째, 교회는 또한 하나님 나라가 어떤 곳인지를 세상에 보여 주는 '모델 사회'입니다. 교회가 완전할 수는 없습니다. 세상 사람들이 교회에게 완전한 것을 기대하지도 않습니다. 하지만 이 세상과는 다른 무엇을 보기를 원합니다. 사람들이 교회를 보며 "왜 저 사람들은 저렇게 사는가?"라는 질문을 해야 합니다. 그런 질문을 하게 만드는 교인들이 종종 있습니다. 성령 받았다고 하면서 무엇엔가 홀린 듯이 행동하는 사람들이 그렇습니다. 제가 말하는 것은 그런 것이 아닙니다. 거룩하고 신선한 충격을 주게 만드는 그런 차별성을 말하는 것입니다.

믿지 않는 사람들도 다 하는 일이라면 교회가 자랑할 것이 아무것도 없습니다. 불행하게도, 때로는 교회가 믿지 않는 사람들도 하지 않을 부끄러운 일을 하기도 합니다. 하나님 나라를 보지 못했기 때문입니다. 교회로 모인 사람들이 하나님 나라를 보고 배웠다면, 이 세상이 상상도 할 수 없는 일을 할 수 있어야 합니다. 그렇게 할 때, 우리는 이 세상에 속한 것 같기도 하고 아닌 것 같기도 한 신비로운 존재가 됩니다. 이럴 때 믿지 않는 사람들은 우리를 보고 하나님 나라를 생각하게 됩니다.

넷째, 교회는 또한 하나님 나라를 이 세상에 확산시키는 거점입니다. 하나님 나라는 이미 세상 곳곳에, 사람들의 마음속에, 그들의 삶 속에 있습니다. 그러므로 하나님 나라를 우리 힘으로 확장시키겠다는 것은 교만한 생각입니다. 그 같은 헛된 욕망으로 인해 지난 2천 년 동안 기독교가 얼마나 많은 잘못을 행해 왔는지 모릅니다. 교회는 이미 우리 가운데 있는 하나님 나라가 드러나도록 전도와 선교를 통해 도우면 됩니다. 나그네 길을 가면서 자신이 가는 길에 동참할 사람들을 찾는 것입니다.

나는 아직도 배고프다

이미 전설이 된 거스 히딩크 감독은 대한민국 축구 대표팀을 맡고 승승장구할 때, "나는 아직도 배고프다"라고 말한 것으로 유명합니다.

하나님 나라를 아는 사람들이야말로 "나는 아직도 배고프다"고 말하는 사람들입니다. 자신의 삶 속에 하나님의 완전한 통치가 이루어질 때까지 "나는 아직도 배고프다"고, 이 세상 모든 사람이 하나님 나라를 보고 그 나라를 살 때까지 "나는 아직 배고프다"고, 이 땅의 모든 교회가 하나님 나라에 초점을 맞추고 그 나라를 위해 헌신할 때까지 "나는 아직 배고프다"고, 그리고 이 땅 구석구석에 하나님의 정의가 완전하게 실현되기까지 "나는 아직 배고프다"고 말하는 사람들입니다.

"의에 주리고 목마른 사람은 복이 있다. 그들이 배부를 것이다"(마 5:6)라는 말씀이 무슨 뜻인지, 이제 조금 짐작이 됩니다. 그 주림을 느낄 때마다 우리는 "아버지의 나라가 오게 하소서"라고 기도합니다. 이 기도를 할 때 그 나라에 대한 주림은 더욱 깊어 갑니다. 따라서 이 기도는 기원이기보다는 결단입니다. "하나님이 알아서 하십시오"라고 기도하는 것이 아니라, "아버지의 나라가 임하는 데 저를 사용하여 주소서"라고 기도하는 것입니다.

이 즈음이면 예민한 독자들은 주기도로 기도하는 것이 얼마나 위험한 일인지를 느낄 것입니다. 주기도를 제대로 기도하고, 그 기도가 우리에게 이루어지고, 기도한 그대로 살아간다면, 우리 각자의 삶에 얼마나 큰 변화가 일어날지, 짐작이 될 것입니다. 이제 겨우 두 가지의 기도만을 보았는데도 이 정도라면, 나머지 네 가지 기도를 다 보고 나면 얼마나 더하겠습니까?

지금 이대로의 삶이 편안하고 행복한 이들에게는 "아버지의 나라가 오게 하소서"라고 기도하는 것이 위험천만한 일입니다. 하나님의 나라가 임하는 만큼 행복한 '나의 나라'를 포기해야 하기 때문입니다. 그런 사람들은 자신의 나라를 두고 떠나 나그네 길에 올라설 수가 없습니다.

하지만 '나의 나라'를 떠나지 않으면 하나님 나라에 들어갈 수 없습니다. 하나님 나라가 임할 때에만 진정한 희망이 있습니다. 내 손으로 세운 나의 나라는 얼마 지나지 않아 무너질 것이 분명하기 때문입니다.

하늘 아버지여,
당신의 나라가 임하소서.
이 세상 모든 영혼들에게
그리고 이 땅의 모든 나라들에게
당신의 나라가 임하소서.
아멘.

묵상과 토의 문제

1_ 천국 혹은 하나님 나라에 대해 당신은 어떻게 이해하고 있습니까? 당신은 하나님 나라와 어떤 관계에 있습니까?

2_ 하나님 나라를 생각할 때, 당신이 특별히 느끼는 배고픔의 대상은 무엇입니까?

3_ 하나님 나라를 위해 교회가 할 일은 무엇인지 생각해 보십시오. 당신은 어떤 일로 그 일에 헌신할 수 있을까요?

7. 땅에서 하늘처럼 산다

"아버지의 뜻이 하늘에서와 같이
땅에서도 이루어지게 하소서"

하나님의 뜻

하나님을 진실하게 믿으려는 사람들에게 '하나님의 뜻'처럼 어려운 것이 또 있을까요? 그 뜻이 무엇인지 알기도 어렵고, 안다 해도 그 뜻을 실천하기도 어렵습니다.

하나님의 뜻이 자명한 경우도 많습니다. 예컨대, 누군가를 미워하고 있다면, 하나님의 뜻은 그를 용서하고 사랑하는 것입니다. 하지만 그 뜻에 순종하기는 쉽지 않습니다. 꽁꽁 뭉쳐진 증오심은 풀기가 쉽지 않습니다. 그래서 하나님의 뜻은 어렵습니다.

하나님의 뜻에 순종하는 것은 고사하고 그 뜻이 무엇인지 알기 어려울 때도 많습니다. 목사가 가장 자주 받는 질문이 하나님의 뜻에 관한 것입니다. 사업에 대한 매우 중요한 선택을 해야 하는데, 혹은 아이가 대학에 진학하는데 하나님의 뜻은 어디에 있을까요? 지금 만나고 있는 사람이 결혼을 하자고 하는데, 혹은 더 좋은 직장에서 오라고 하는데, 하나님의 뜻은 무엇일까요? 태아에게 문제가 있다면서 의사가 임신 중절 수술을 권고하는데, 어떻게 하는 것이 하나님의 뜻일까요? 이런 일에 대해 명쾌한 답을 찾는 것은 쉬운 일이 아닙니다. 목사도 이런 질문을 대할 때가 제일 어렵습니다.

이와는 다른 의미에서 하나님의 뜻을 찾을 때도 있습니다. 이해하기 힘든 사건 앞에서 우리는 하나님의 뜻을 묻습니다. 거대한 자연 재해로 인해 수많은 사람들이 한순간에 생명을 잃어버릴 때, 우리는 하나님의 뜻을 묻습니다. 한창 밝게 뛰어놀아야 할 아이가 질병의 굴레 속에서 시들어 갈 때, 우리는 하나님의 뜻을 묻습니다. 이유 없는 고난이 한없이 이어질 때, 우리는 하나님의 뜻을 묻습니다.

이어령 선생의 딸 이민아 씨가 2012년 53세의 나이로 세상을 떠났습니다. 그분의 삶의 궤적을 보면, 어쩌면 한 사람에게 이렇게 많은 고난이 몰릴 수 있을까 싶습니다. 5년 만에 파경을 맞은 첫 번째 결혼, 살아보려고 홀로 몸부림치는 중에 찾아온 갑상선암, 재혼하여 낳은 아이의 자폐아 판정, 망막 상실로 인한 실명 위기, 26세 난 큰아들의 갑작스러운 죽음, 말기 위암 판정 그리고 때이른 죽음. 이 고난의 굴곡 속에서 그분은 하나님의 특별한 기적들을 체험합니다. 이는 철저한 무신론자였던 아버지 이어령 박사가 회심하는 계기가 되기도 합니다.

그분에 관한 기사를 읽는 제 마음은 남의 일 같지 않았습니다. 그래서 그분을 위해 간절히 기도했습니다. 그 이후에도 그분의 이야기는 제 마음에서 지워지지 않고 여러 가지의 질문을 하게 만들었습니다.

과연, 이 많은 고난을 한 사람이 당하도록 허락하신 하나님의 뜻은 무엇일까? 저는 인간이 당하는 고난이 모두 하나님이 주시는 것이라고 믿지 않습니다. 스스로 초래한 고난도 있고, 환경 때문에 당하는 고난도 있으며, 유전적 요인이나 성장 과정에서 받은 상처로 인한 고난도 있습니다. 고난의 원인은 이렇게 여러 가지이지만, 하나님이 사랑하는 자녀에게 고난이 일어나도록 허락하시는 이유가 분명히 있다고 믿습니다. 고 이민아 씨는 다른 사람들이 흔히 경험하기 어려운 하나님의 기적 같은 은총을 많이 받았습니다.

그분에게 주신 기적적인 치유의 선물을 생각하면, 왜 다른 고난들은 그대로 내버려두었는지 모르겠습니다. 현대 의학으로는 고칠 수 없다는 망막 손상을 기적적으로 치유해 주시더니, 며칠 만에 큰아들을 죽게 내버려 두신 이유는 무엇일까? 기적적으로 눈을 치료해 주셨다면, 왜 위암은 치유해 주시지 않았을까? 그분의 안타까운 죽음의 소식 앞에서 저는 이 같은 질문을 회피할 수가 없었습니다.

그런데 정작 본인은 자신의 죽음에 대해 다음과 같이 고백합니다. 세상을 떠나기 전에 출간한 책에 나오는 말입니다.

저를 사랑하시는 능력의 아버지 하나님이 그동안 저의 질병을 여러 번 고쳐 주셨기 때문에 또 고쳐 주시리라고 믿습니다. 그러나 어떤 이유에

서든지 이 땅에서 그 치유를 온전히 다 받아 누리지 못하고 내 몸이 죽는다 해도 저는 "예수님을 믿는 자는 죽어도 살겠고 살아서 그를 믿는 자는 영원히 죽지 않는다"는 하나님의 말씀을 믿습니다.(「땅에서 하늘처럼」, 시냇가에심은나무, p. 7)

이 고백 앞에서 저는 모든 의문을 접어 두고 고개를 숙입니다. 저는 그분의 믿음을 의심하는 것도 아니고, 그분에게 주어진 하나님의 은혜를 의심하는 것도 아닙니다. 저는 다만 그 고난과 은혜의 신비를 좀더 이해하고 싶었을 뿐입니다. 하지만 신비는 머리로 이해하는 것이 아닙니다. 다만, 그 앞에서 고개 숙이고 두려워 떨 뿐입니다. 하나님의 뜻은 우리의 이해력이 닿지 않는 저 먼 곳에 있을 때가 많기 때문입니다.

뜻이 있으면 길도 있다

하나님의 뜻은 알기도 어렵고, 안다고 해도 행하는 것은 더욱 어렵습니다. 그렇지만 하나님을 믿는 사람들은 그분의 뜻을 살피고 순종하기 위해 노력해야 합니다. 그래서 예수님은 주기도에서 세 번째로 이렇게 기도하라고 가르치십니다.

아버지의 뜻이 하늘에서 이루어진 것같이
땅에서도 이루어지게 해주십시오.

'하늘'은 '하나님의 영역' 즉 하나님의 통치권이 100퍼센트 실현된 상태를 가리킵니다. 반면, '땅'은 하나님의 다스림이 불완전한 상태를 가리킵니다. 하나님의 뜻 대신에 인간의 욕망과 사탄의 음모가 뒤엉켜 싸우는 곳이 '땅'입니다. 그래서 하나님을 알고 그분의 나라를 소망하는 사람들은 "이 땅도 하늘처럼 되게 해주십시오"라고 기도해야 합니다. 하나님의 뜻이 이 땅에 온전히 이루어지기를 기도해야 합니다.

이렇게 보면, 주기도의 첫 세 기도 즉 'Thou Petitions'의 순서를 지켜야 하는 이유가 있음을 발견합니다. 가장 먼저 "아버지의 이름을 거룩하게 해주십시오"라고 기도합니다. 하늘 아버지가 어떤 분인지 알게 해 달라는 기도입니다. 그런 다음, 두 번째 기도는 "아버지의 나라가 오게 해주십시오"입니다. 하나님이 어떤 분인지 깨닫는 사람은 그분을 왕으로 섬기게 되며, 이 세상 모두가 그분의 통치 하에 들어가기를 원하게 됩니다. 그렇게 기도한 다음, 세 번째로 "아버지의 뜻이 이루어지게 해주십시오"라고 기도합니다. 하나님을 왕으로 섬기는 사람은 그분의 뜻을 제일 중요하게 여깁니다.

우상을 섬기는 사람은 우상의 뜻에는 아무 관심이 없습니다. 점쟁이나 무당을 찾아가서 "이번에 직장을 옮기게 되었는데, 신의 뜻이 무엇인지 알고 싶습니다"라고 말하는 사람이 있습니까? 백이면 백 이렇게 묻습니다. "이번에 직장을 옮기게 되었는데, 좋은 직장으로 갈 수 있게 해 주십시오." 참된 믿음과 우상숭배의 차이는 관심이 어디에 가 있느냐에 의해 결정됩니다. 주일마다 교회로 모여 예배드리는 사람들 중에도 하나님의 뜻에 아무 관심이 없는 사람들이 많습니다. 그런 사람들은 하나님을 섬긴다고 하지만 실은 우상을 숭배하고 있는 것입니다.

하나님의 뜻은 자주 우리의 뜻과 다릅니다. 완전히 상반되는 경우도 있습니다. 우리 마음은 이기심으로 오염되어 있고 빗나가 있으며 비뚤어져 있습니다. 마음에 솟아오르는 욕망들이 하나님의 뜻과 어긋나 있을 때가 많습니다. 또한, 하나님이 원하시는 일이 때로 큰 짐처럼 느껴집니다. 하나님은 종종 고난을 짊어지라고 하십니다. 그래서 하나님의 뜻이 두렵습니다. 하지만 너무 두려워하지 말 일입니다. 바울 사도가 고난에 대한 하나님의 뜻에 대해 이렇게 말씀했습니다.

여러분이 감당할 수 있는 능력 이상으로 시련을 겪는 것을 하나님은 허락하지 않으십니다. 하나님께서는 시련과 함께 그것을 벗어날 길도 마련해 주셔서, 여러분이 그 시련을 견디어 낼 수 있게 해주십니다.(고전 10:13)

하나님의 뜻을 이루기 위해 때로 고난을 직면해야 하지만, 하나님은 우리가 감당할 수 없는 고난은 허락하시지 않는다는 뜻입니다. 우리가 얼마만큼이나 고난을 감당할 수 있는지는 우리 자신보다 하나님이 더 잘 아십니다. 우리는 우리 자신을 과소평가하는 경향이 있기 때문에 고난이 닥쳐올 때 두려워 떱니다. 하지만 하나님을 믿고 떨지 말라는 것입니다. 요즈음 유행하는 말로 '쫄지 말라'는 것입니다.

캘커타에서 가난한 사람들을 위해 평생 헌신한 테레사 수녀가 이 말씀에 대해 이렇게 말한 적이 있습니다. "하나님은 제가 감당할 수 없는 고난을 허락하지 않으신다는 것을 저는 믿습니다. 다만, 하나님이 저를 너무 믿지 않으시기만을 바랍니다."

의미심장한 농담입니다. 테레사 수녀도 때로 고난을 겪으며 감당하기 힘들었던 것 같습니다. 그때마다 "하나님, 저를 너무 믿으시는 거 아닙니까? 제가 이것을 감당할 수 있다고 생각하셨습니까?"라고 기도했을 것입니다. 하지만 하나님은 테레사 수녀에게 감당할 힘을 주셨습니다. 바울 사도가 말한 대로, 하나님이 시련의 터널을 함께 걸으셨기 때문입니다. 그러므로 어떤 어려움을 당해도 하나님을 생각하고 쫄지 말아야 합니다.

네가 아니라 내가 한다

이 지점에서 우리는 하나님의 뜻과 관계하여 아주 중요한 두 가지 진실을 확인하고 넘어가야 합니다.

첫째, 하나님의 뜻은 그것이 우리에게 어떻게 보이든지 상관없이 결국 우리에게 유익한 것이라는 진실입니다. 하나님의 뜻을 묻기 전에 우리는 하나님의 선의에 대해 믿음을 가져야 합니다. 그분이 우리에게 가지고 계신 계획은 구원이요, 생명이며, 평안이요, 행복입니다. 하나님은 예레미야를 통해 이렇게 말씀하십니다.

너희를 두고 계획하고 있는 일들은
오직 나만이 알고 있다.
내가 너희를 두고 계획하고 있는 일들은
재앙이 아니라 번영이다.
너희에게 미래에 대한 희망을 주려는 것이다.
나 주의 말이다.(렘 29:11)

여기서 '번영'이라고 번역된 말을 오해하지 말아야 합니다. 우리는 '번영'이라고 하면 물질적으로 잘되는 것을 생각합니다. 하지만 여기서 말하는 '번영'은 훨씬 더 넓은 의미입니다. 쉽게 번역하자면, "잘되게 하려는 것이다"라고 할 수 있습니다.

이것은 도탄에 빠진 유다 백성들에게 주신 말씀이지만, 어느 시대, 누구에게나 적용됩니다. 하나님은 때로 재앙을 내리기도 하시고 불 같은 심판을 내리기도 하시지만, 그조차도 우리를 잘되게 하시려는 뜻입니다.

둘째, 뜻을 이루시는 분은 하나님 자신이라는 진실을 명심해야 합니다. 때로, 우리 인간은 하나님에 대해 주제 넘는 생각을 합니다. 마치 우리가 아니면 하나님의 뜻이 이루어지지 않을 것처럼 오해합니다. 심지어 지난 세월 기독교는 총칼을 들고 약소국을 침략하여 무고한 생명을 하나님의 이름으로 해치는 잘못을 범하기도 했습니다. 그럴수록 우리는 하나님의 뜻을 그르치게 됩니다.

교회의 분란을 경험해 보신 분은 누구나 인정하실 것입니다. 교회 분란의 가장 핵심에 선 사람들이 어떤 이들입니까? 목사든 장로든, 그들은 언제나 하나님의 뜻을 확실하게 안다고 생각하고, 자기가 아니면 하나님의 뜻을 이룰 사람이 없다고 착각합니다. 그들의 착각으로 인해 많은 사람들이 상처를 입고 교회를 떠납니다. 그들은 '하나님의 뜻'을 말하는 사람에게 혐오감을 갖게 됩니다. 그 말을 자주 하는 사람들일수록 안하무인이고 때로 잔인하기 때문입니다. 이 얼마나 아이러니입니까? 하나님의 뜻을 내세우며 하나님의 뜻을 그르치고 있으니 말입니다.

하나님의 뜻은 하나님이 이루십니다. 우리가 아무 일을 하지 않더라도 그분은 결국 그분의 뜻을 이루십니다. 우리가 그분의 일을 아무리 방해하고 거부하더라도 그분은 결국 그 뜻을 이루십니다. 한국의 군인들은 "너와 내가 아니면 누가 지키랴?"라고 힘차게 노래하지만, 시편은 달리 말하고 있습니다.

> 주님께서 집을 세우지 아니하시면
> 집을 세우는 사람의 수고가 헛되며,
> 주님께서 성을 지키지 아니하시면
> 파수꾼의 깨어 있음이 헛된 일이다.
> 일찍 일어나고 늦게 눕는 것,
> 먹고 살려고 애써 수고하는 모든 일이 헛된 일이다.

진실로 주님께서는,
사랑하시는 사람에게는 그가 잠을 자는 동안에도 복을 주신다.(시 127:1-2)

따라서 "아버지의 뜻이 하늘에서와 같이 땅에서도 이루어지게 하소서"라고 기도하는 이유는 하나님께 그분이 할 일을 알려 드리는 것이 아닙니다. 만일 이런 뜻으로 이 기도를 드린다면, 하나님은 이렇게 답하실 것입니다. "괜한 걱정을 하고 있구나. 네가 그러지 않아도 내가 알아서 이룰 거야. 너는 네 걱정이나 해." 그러면 예수님은 왜 이렇게 기도하라고 하셨습니까? 이 기도는 다음과 같은 뜻입니다. "하늘 아버지, 아버지의 뜻을 이 땅에 이루실 때 저를 쓰시옵소서. 제 모두를 아버지의 손에 내어 드립니다."

알고 가는 것이 아니라 믿고 가는 것

하나님의 뜻을 찾고 순종하는 과정에서 가장 어려운 문제는 그 뜻을 아는 것이 때로 매우 어렵다는 데 있습니다. 고 이민아 씨가 겪은 것 같은 '줄고난'을 당한다 해도 그것을 당하게 하시는 하나님의 뜻만 분명히 알면 어떻게든 견디어 볼 것 같습니다. 갈 길이 힘들다 해도 그것이 하나님의 뜻이라는 확신만 있으면 어떻게든 걸음을 내디딜 것 같습니다. 그런데 하나님의 뜻이 확실하게 잡히지 않을 때가 더 많습니다. 그래서 답답하고 불안합니다.

어떤 사람들은 하나님의 뜻을 찾는 비법이 있다고 말합니다. 그런 말에 사람들은 솔깃합니다. 또 어떤 사람들은 예언의 은사를 받았다고, 그래서 하나님의 뜻을 확실하게 가르쳐 줄 수 있다고 말합니다. 우리는 그런 주장에도 쉽게 마음을 빼앗깁니다. 하지만 얼마 지나지 않아 속았다는 사실을 깨닫습니다. 하나님의 뜻을 확실하게 아는 비법도 없고, 예언하는 사람들도 "아니면 그만이고!" 식이어서 믿을 수 없습니다.

어떤 사람들은 기도하는 중에 하나님의 또렷한 음성을 듣기 원합니다. 소위 '직통 계시'를 받는다고 주장하는 사람들이 있습니다. 직통 계시를 받는 방법을 전수해 주겠다고 말하기도 합니다. 기도하는 중에 하나님의 음성을 자주 듣는다고 선전하는 사람들도 있습니다. 그런 일이 없지는 않습니다만, 그런 일이 일어나면 좋아할 것이 아니라 긴장해야 합니다. 기도 중에 또렷한 음성을 들었다 싶은 경우, 사탄에게 속은 것일 가능성이 매우 높기 때문입니다.

믿음의 길을 가는 일에서 가장 조심할 것이 '확실한 것'을 찾는 일입니다. 한계 안에 갇힌 인간으로서 뭔가 확실한 것을 찾는 심정은 충분히 이해할 수 있습니다. 하지만 육신을 입고 사는 인간이 영이신 하나님을 의지하고 살아가는 믿음의 길에는 언제나 '모호함'과 '불확실성'이 존재합니다. 그것이 기독교 신앙의 근본 성격입니다. 하나님을 믿고 살아가는 것은 긴가민가하고 알쏭달쏭하고 잡힐 듯 말 듯한 것입니다. 그 모호함에 익숙해져야 합니다. 확실한 것을 찾아다니면 영적

사기꾼에게 속아 넘어갑니다. 그 모호함은 우리가 육신의 장막을 벗어날 때 비로소 제거됩니다.

하나님의 뜻이 그렇습니다. 하나님의 뜻은 불투명하고 불확실한 경우가 더 많습니다. 아무리 간절히 기도하고 간구해도 하나님은 좀처럼 당신의 뜻을 환히 드러내 보이지 않으십니다. 옛날 이스라엘 백성들이 광야를 유랑할 때처럼, 구름 기둥이 멈추면 멈추어 서고 움직이면 따라 움직이는 것이라면, 믿음의 길이 훨씬 쉽겠습니다. 하지만 우리의 믿음의 길에는 구름 기둥도 보이지 않고 불 기둥도 보이지 않습니다. 그렇다면 이 모호하고 불확실한 믿음의 길에서 어떻게 하나님의 뜻을 따라 살아갈 수 있겠습니까?

이 질문에 답하기에 앞서, 테레사 수녀에 얽힌 일화 하나를 생각해 봅니다. 요즈음 영적 생활에 대한 안내자로 존경받는 존 캐버너(John Kavanaugh)가 오래전 캘커타에 3개월 동안 봉사 활동을 하러 갔습니다. 그는 자신의 남은 인생을 어떻게 살아야 할지 고민하고 있었습니다.

도착한 첫날 아침에 그는 테레사 수녀를 만납니다. 수녀가 묻습니다.

"제가 무엇을 도와 드릴까요?"

존은 자신을 위해 기도해 달라고 부탁합니다. 그러자 수녀가 되묻습니다.

"무엇을 기도해 드릴까요?"

"확실하게 알고 살아가도록 기도해 주십시오."

그러자 수녀가 단호하게 말합니다.

"아닙니다. 저는 그것을 위해 기도해 드릴 수 없습니다."

예기치 않은 대답을 듣고 놀란 존을 보고 수녀가 말을 잇습니다.

"확실한 것은 당신이 추구할 것이 아니라 버려야 할 것입니다."

그러자 존이 묻습니다.

"그런데 수녀님은 모든 것을 확실하게 알고 또한 믿고 있는 분처럼 보입니다. 저도 그렇게 살고 싶었습니다."

수녀는 웃으며 대답합니다.

"저는 한 번도 확실하게 알고 믿은 적이 없습니다. 제가 늘 가지고 사는 것은 신뢰입니다. 그러므로 당신도 하나님을 신뢰하도록 기도해 드리겠습니다."

그렇습니다. 믿음의 길은 확실한 목표와 지도를 손에 쥐고 가는 것이 아닙니다. 우리를 불러내신 하나님을 따라 한 걸음 한 걸음 나아가는 것입니다. 하나님이 누구신지 제대로 모른다면, 그분을 따라가는 걸음이 매우 불안할 것입니다. 하지만 그분을 제대로 안다면, 그분을 따라가는 것이 오히려 더 확실한 것임을 알게 될 것입니다. 그 비밀을 알았던 오스왈드 챔버스는 이렇게 말합니다.

믿음은 우리가 이끌려가게 될 곳을 아는 것이 아니라, 우리를 인도하시는 그분을 사랑하고 아는 것입니다.

땅에서 하늘처럼

GPS(위성항법장치)가 처음 나왔을 때, 저는 그것만 믿고 길을 나섰다가 여러 번 어려움을 당했습니다. 위성과의 통신이 두절되거나 오작동으로 먹통이 되었기 때문입니다. 그러면 꼼짝 없이 멈추고 누군가에게 도움을 청해야 했습니다. 정보가 잘못 입력되어 엉뚱한 곳으로 가기도 했습니다. 그래서 한동안 GPS를 따라 가면서도 손에는 컴퓨터에서 뽑은 약도를 쥐고 있었습니다. 그런데 스마트폰으로 GPS 서비스를 사용하는 요즈음은 전혀 그런 일이 일어나지 않습니다. 더 이상 따로 약도를 준비하지 않고 GPS만 믿고 길을 떠납니다. 그래도 불안하지 않습니다.

믿음의 길을 가는 것은 GPS를 따라 가는 것에 비할 수 있습니다. 아브람을 불러내실 때처럼, 하나님은 목적지를 알려주지도, 지도를 마련해 주지도 않으십니다. 무작정 당신을 따라오라 하십니다. 히브리서 저자는 아브라함에 대해 이렇게 말합니다.

> 믿음으로 아브라함은, 부르심을 받았을 때에 순종하고, 장차 자기 몫으로 받을 땅을 향해 나갔습니다. 그런데 그는 어디로 가는지를 알지 못했지만, 떠난 것입니다.(히 11:8)

하나님을 철저하게 신뢰하지 못하고는 이렇게 할 수 없습니다. 하나님을 철저하게 신뢰하지 못하는 사람은 성능이 좋지 않은 GPS를 따라 길을 나선 사람처럼 목적지에 도착하기까지 불안감에 시달릴 것입니다. 하나님을 철저하게 신뢰하는 사람은, 아무것도 확실한 것이 없지만 든든한 마음으로 믿음의 길을 갈 수 있습니다.

하나님께 대한 처음의 세 기도를 순서대로 올려야 하는 이유가 다시 한 번 분명해 보입니다. 하나님의 뜻을 따라 살려는 사람은 먼저 하나님이 어떤 분인지 알고 그분의 다스림이 어떤 것인지 알아야 합니다. 그럴 때 우리는 하나님께 무제한의 신뢰를 바칠 수 있고 그분의 뜻이 이루어지는 일에 모든 것을 내어 드릴 수 있습니다.

이어령 선생의 말에 따르면, 이민아 씨는 숨을 거두는 마지막 순간까지도 하나님이 고쳐 주실 것이라고 믿었다고 합니다. 그렇게 믿은 것은 이 땅에서 더 많은 사람들에게 하나님의 사랑을 전하고 싶은 간절한 마음 때문이었을 것입니다. 세상을 떠나기 전 어느 인터뷰에서 그분은 이렇게 말했습니다.

오늘 죽는다면 오늘이 세상을 떠날 완벽한 순간이기 때문입니다. 하나님이 부를 그날까지 땅끝에 선 아이들 가슴에 사랑을 심어 주고 싶습니다.

이 말에서 저는 그분이 하나님께 두고 있던 무한한 신뢰를 느낍니다. 하나님의 기적적인 개입을 여러 번 경험한 그였기에 이번에도 그 같은 은혜를 주시기를 기도하고 믿었지만, 그러나 '그리 아니하실지라도', 어느 날 문득 죽음이 찾아온다 해도, 지금까지 나를 사랑하신 그 하나님을 믿고 가겠다는 마음의 고백이 여기 있습니다. 때로 우리는 하나님의 뜻이 무엇인지 알지 못합니다. 하지만 분명히 아는 것은 그분이 우리에게 항상 좋은 뜻을 가지고 계시다는 사실입니다. 그것이면 충분합니다.

이제는 유작이 된 그분의 마지막 책 제목이 「땅에서 하늘처럼」입니다. 이 제목은 우리 모두가 걸어야 할 믿음의 길을 잘 표현하고 있습니다. 믿음의 길은 이 '땅'을 걷는 길입니다. '땅'은 하나님을 부정하고 그분의 다스림을 거부하며 그분의 뜻을 거역하는 사람들의 땅입니다. 이 땅에는 인간의 욕심과 야망이 뒤엉켜 있고 그 배후에는 사탄의 음흉한 흉계가 숨어 있습니다. 믿음이란 이 '땅'에 살면서 하나님이 어떤 분인지 알아 가고 그분의 다스림에 자신을 맡기며 그분의 뜻이 이루어지도록 자신을 내어 드리는 것입니다. 아직 확실하게 손에 잡히지 않고 눈에 보이지 않지만, 이미 '하늘'이 우리 가운데 와 있는 것처럼, 하나님을 따라 그분이 인도하시는 길을 걷는 것입니다. 이 땅에서 하늘처럼 살아 결국 하늘에 이르는 길이 믿음의 길입니다.

그러므로 "아버지의 뜻이 하늘에서와 같이 땅에서도 이루어지게 하소서"라는 기도는 기도하는 사람의 상황에 따라 여러 가지 의미를 가집니다.

이 땅에서 하늘처럼 살기를 힘쓰는 사람들이 이 기도를 드린다면, 그것은 이런 뜻입니다. "저는 하늘 아버지의 뜻이 제일 중요합니다. 그 뜻이 제 삶 속에 이루어지는 것이 가장 큰 행복입니다. 어떤 길이라도 걷겠습니다. 어떤 일이라도 하겠습니다. 어떤 대가라도 치르겠습니다. 내일 무엇이 저를 기다리고 있는지 모르지만, 오늘 아버지를 의지하고 아버지께서 인도하시는 대로 가겠습니다. 저를 죽이시든 살리시든, 아버지 마음대로 하십시오. 오직 아버지의 뜻만 이루시옵소서."

믿지 않는 사람을 생각하며 이 기도를 드린다면, 이런 뜻이 됩니다. "하늘 아버지, 그 사람이 하나님을 알게 하시고 하나님의 다스림을 인정하게 해주십시오. 그리하여 하나님을 의지하고 신뢰하며 하나님과 함께 걷게 해주십시오. 그 일이 이루어지도록 제가 힘써 노력하게 해주십시오." 우리가 사랑하는 사람에게 줄 수 있는 가장 큰 도움은 그가 하나님을 신뢰하고 그분과 함께 살아가도록 돕는 것입니다.

우리는 또한 이 세상을 위해 이 기도로 중보합니다. 그럴 때, 이 기도는 이런 뜻이 됩니다. "하늘 아버지, 더 많은 사람들이 하나님을 알게 하시고 하나님의 다스림을 사모하게 해주십시오. 인간의 타락한 욕심과 사탄의 악한 뜻이 이 세상을 지배하지 않도록 더 많은 이들이 하나님을 알게 하시고 의지하게 해주십시오. 그 같은 변화가 일어나도록 저를 도구로 써 주시고 교회를 사용해 주십시오."

결국, 누구를 위해 올리든, 이 기도는 하나님을 전적으로 신뢰하고 그분께 모든 것을 내어 드려 그분의 뜻이 이루어지게 하겠다는 결단의 기도입니다. 우리가 사는 이 땅이 하늘처럼 되도록 우리 인생을 바치겠다는 기도입니다. 내 믿음의 목적은 내가 아니라 하나님이시라는 것, 내 삶의 주인은 내가 아니라 하나님이시라는 것, 따라서 나의 모든 것은 하나님의 것이라는 것을 고백하고 그렇게 살겠다고 다짐하는 기도입니다.

이렇게 보면, 하나님을 위한 세 번째 기도 역시 아주 위험한 기도입니다. 이 기도를 제대로 드린다면, 삶의 목적이 바뀔 것이며, 삶의 방법도 바뀔 것이고, 삶의 방향도 바뀔 것이기 때문입니다. 이러한 뒤집힘을 감당할 준비가 되어 있는 사람만이 감히 입을 열어 이 기도를 드릴 수 있습니다. 그 같은 뒤집힘은 인간의 눈으로는 아주 위험해 보이지만, 믿음의 눈으로 보면 진정한 희망을 얻는 길입니다.

하늘에 계신 우리 아버지,

아버지의 이름을 거룩하게 하시며,

아버지의 나라가 오게 하시며,

아버지의 뜻이 하늘에서와 같이

땅에서도 이루어지게 해주십시오.

그리하여

저희 모두가

이 땅에서 하늘처럼 살게 해주십시오.

아멘.

묵상과 토의 문제

1_ 하나님의 뜻을 찾고 순종하는 과정에서 당신이 겪은 경험을 생각해 보십시오. 어려운 점은 무엇이었으며 어떻게 해결했습니까?

2_ 매일 하나님을 신뢰하고 그분의 인도를 따라가는 삶에 대해 생각해 보십시오. 어떤 어려움이 있을 것 같습니까? 어떻게 극복해야 한다고 생각합니까?

3_ 믿음으로 사는 것에 대해 당신의 말로 정리해 보십시오.

3부 우리를 위한 기도

8. 내 기도는 사치스럽다

"오늘 우리에게 일용할 양식을 주시고"

기도하는 이유

예수님은 주기도에서 먼저 하나님에 관한 세 가지의 기도를 올리십니다(Thou Petitions). 그런 다음, 기도의 관심을 기도자 자신에게 돌려 또 다른 세 가지의 기도를 드리라고 하십니다. 그것을 영어로 'We Petitions'라고 부릅니다.

오늘 우리에게 일용할 양식을 주소서.
우리가 우리에게 잘못한 사람을 용서하여 준 것같이 우리 죄를 용서하여 주소서.
우리를 시험에 빠지지 않게 하시고 악에서 구하소서.

진실을 말하자면, 기도 중에 하나님을 뵙고 그분을 찬양하고 그분의 다스림에 자신을 맡기며 그분의 은총을 구하면 그것으로 다 되는 것입니다. 우리가 하나님의 다스림에 철저히 자신을 내어 드려 그분의 뜻이 우리 안에 이루어진다면, 우리의 기도제목들이 다 이루어지는 셈입니다.

그렇기는 하지만, 주님은 우리 자신을 위해 기도하는 것을 허락하셨습니다. 아니, 우리 자신의 필요를 위해 기도하라고 적극적으로 격려하셨습니다.

그러므로 우리는 기도로써 무엇이든 하나님께 가지고 나가 기도할 수 있습니다. 때로 욕심에 눈멀어 부정한 것을 구할 수도 있고, 분별력이 없어 잘못된 것을 구할 수도 있습니다. 늘 그러한 상태에 머물러 있으면 안 되겠지만, 신앙의 성장 과정에서 그것은 자연스러운 일입니다. 마치 어린아이가 때로 해로운 것을 달라고 조르는 것처럼, 우리도 초보적인 단계에서는 그럴 수 있습니다. 하나님은 우리가 그런 과정을 통해 성장하기를 기대하시며 또한 도우십니다. 하나님과의 지속적인 사귐을 통해 영적으로 성장해 가면, 기도로써 무엇을 구할 것인지를 점점 더 명료하게 분별하게 됩니다.

예수님은 주기도를 통해 우리 자신을 위해 기도할 때 잊어서는 안 되는 기도제목 세 가지를 알려 주십니다. 하나님을 하나님답게 아는 사람이라면, 하나님의 다스림에 자신을 내어 드리려는 사람이라면, 그리고 그분의 뜻이 이루어지기를 진정으로 소망하는 사람이라면, 언제나 마음에 품어야 할 기도제목입니다. 하나님을 위한 세 가지 기도를 마음 다해 올린 사람이라면, 자신을 위해 구할 때 이 세 가지를 꼭 기억해야 합니다.

첫 번째 기도는 "오늘 우리에게 일용할 양식을 주소서"입니다. '일용할'이라는 말로 번역된 헬라어 '에피우시오스'(*epiousios*)는 '오늘 먹을'이라는 뜻으로 풀 수도 있고 '내일의'라는 뜻으로 풀 수도 있습니다. 어떤 뜻으로 보든, 여기서 구하는 것은 두고두고 먹을 풍족한 양식이 아니라 생존을 위한 최소한의 양식입니다. 아침에 일어나 기도하면서 "오늘 하루 먹고살게 해주십시오"라고 기도하라는 뜻입니다.

그렇다면 여기서 우리는 아주 심각한 질문에 봉착합니다. 우리 대부분은 하루 먹을 양식은 지니고 있습니다. 혹시 이 글을 읽는 분 중에 하루 끼니가 없는 분이 계실지도 모릅니다만, 특별한 경우가 아닌 이상 하루 끼니 정도는 걱정하지 않고 삽니다. 그렇다면, 왜 우리는 계속 이 기도를 올리는 것입니까?

여기서 우리는 기도가 무엇인지 깊이 생각해 보아야 합니다. 하나님께 우리가 무엇을 구할 때, 그 이유가 무엇입니까? 나에게 그것이 필요한지 하나님이 모르시기 때문에 알려 드리려는 것입니까? 그것이 나에게 필요한 줄을 하나님이 아시는데 주시지 않으니, 마음을 바꾸시도록 떼를 쓰자는 것입니까? 둘 다 아닙니다. 하나님은 전지하시기 때문에 나에게 무엇이 필요한지 아시며, 전능하시기 때문에 그것을 주실 수 있으며, 나를 사랑하시기 때문에 그것을 주고 싶어 하십니다. 이와

관련하여 예수님은 아주 중요한 말씀을 주셨습니다.

> 하나님 너희 아버지께서는, 너희가 구하기 전에, 너희에게 필요한 것이 무엇인지를 알고 계신다.(마 6:8)

이 말씀의 뜻을 안다면, 어찌 "하나님은 내 사정을 모르신다"라거나, "하나님은 내 간구에 관심도 없으시다"라고 말할 수 있겠습니까? 예수 그리스도께서 '아빠'라고 부르신 그 하나님은 나의 필요를 나 자신보다 더 잘 알고 계시며, 나의 행복을 나 자신보다 더 간절히 바라시는 분입니다. 그런 분이 왜 나의 기도를 외면하시겠습니까? 기도하지 않아도 그분은 우리에게 가장 좋은 것을 주시는 분입니다.

그렇다면 왜 기도해야 합니까?

우리가 하나님께 기도하는 것은 그분의 주권을 인정하는 행동이며 그분의 다스림에 우리를 맡기는 행동입니다. 이 세상의 모든 일은 하나님의 손 안에 있습니다. 숨쉬고 잠자는 것부터 큰 질병이 완치되는 과정까지, 나에게 일어나는 모든 일은 하나님의 다스림 아래 있습니다. 냉장고에 며칠 먹을 음식이 쌓여 있지만, 그것은 모두 하나님이 공급해 주신 것입니다. 그러므로 하루 먹을 양식을 위해 기도하는 것은 그 양식이 하나님이 주신 것임을 인정하고 고백하고 선언하는 것입니다.

그러므로 "오늘 우리에게 일용할 양식을 주소서"라는 기도는 내 삶의 주인이 누구인지를 선언하고 고백하고 그분의 주권에 자신을 내어 맡기는 기도입니다. 산상설교에서 예수님은 하나님을 그처럼 철저히 신뢰하라고 말씀하셨습니다.

> 그러므로 내가 너희에게 말한다. 목숨을 부지하려고 무엇을 먹을까 또는 무엇을 마실까 걱정하지 말고, 몸을 감싸려고 무엇을 입을까 걱정하지 말아라…. 공중의 새를 보아라. 씨를 뿌리지도 않고, 거두지도 않고, 곳간에 모아들이지도 않으나, 너희의 하늘 아버지께서 그것들을 먹이신다. 너희는 새보다 귀하지 아니하냐?…그러므로 무엇을 먹을까, 무엇을 마실까, 무엇을 입을까, 하고 걱정하지 말아라. 이 모든 것은 이방 사람들이 구하는 것이요, 너희의 하늘 아버지께서는, 이 모든 것이 너희에게 필요하다는 것을 아신다.(마 6:25, 26, 31, 32)

'우리'의 배고픔을 기억하라

이 기도에서 우리가 주목해야 할 또 다른 측면이 있습니다. "오늘 나에게 일용할 양식을 주소서"라고 기도하지 않고 "오늘 우리에게 일용할 양식을 주소서"라고 기도했다는 사실입니다. "오늘 나에게 일용할 양식을 주소서"라고 기도했다면, 나와 내 가족이 먹을 양식만 있으면 됩니다. 하지만 "오늘 우리에게 일용할 양식을 주소서"라고 기도했으니, 우리 중에 일용할 양식이 없는 사람이 있는지 생각해 보아야 합니다.

'우리'는 누구를 말합니까? "하늘에 계신 우리 아버지"라고 말할 때의 그 '우리'입니다. 하나님이 창조하신 모든 인류가 우리입니다. 아니, '모든 생명'이라고 말해야 옳을 것입니다. 그렇게 생각하면, 이 기도는 또 다른 의미를 가집니다.

유엔 세계식량기구가 제시하는 가난과 기아에 관한 통계는 우리를 심히 불편하게 합니다. 현재 인류의 생명을 가장 많이 앗아가는 질병은 '기아의 질병'(disease of hunger)입니다. 굶주려 죽는 사람의 수가 에이즈와 말라리아와 폐결핵으로 죽는 사람을 모두 합친 수보다 더 많다고 합니다. 굶어 죽는 고통은 그 어떤 질병의 고통과도 비교할 수 없다고 합니다. 세계 인구 일곱 명 중 한 명은 오늘 저녁 굶은 채 잠자리에 듭니다. 이 사람들은 '타인'이 아닙니다. 하나님 안에 타인은 없습니다. 모두 다 하나님의 자녀이며, 우리의 형제자매입니다.

가난과 굶주림이 문제가 되는 사람들은 저 멀리 탄자니아나 니카라과에만 있는 것은 아닙니다. 우리 주변에도 그런 사람들이 적지 않습니다. 세계에서 가장 부유한 동네에도 굶어 죽는 사람이 있다는 사실을 아십니까? 하루 종일 추위에 떨며 누군가 자신을 데려가 일감을 주기를 기다리는 일용 노동자들을 매일 보시지 않습니까? 그들이 며칠만 일을 하지 못하면, 그들을 기다리고 있는 가족들은 일용할 양식을 걱정해야 합니다. 우리가 사는 지역에서도, 일용할 양식을 구걸하는 노숙자들을 쉽게 만날 수 있습니다.

"오늘 우리에게 일용할 양식을 주소서"라는 기도가 이들에게는 절박한 기도입니다. 그런 사람들이 이 세상에 수없이 많다는 사실, 그리고 그들이 바로 우리의 형제요 자매라는 사실을 기억하는 것은 참으로 불편한 일입니다. 귀찮은 일이고, 때로 짜증나는 일입니다. 그 사실을 생각하면 내 손에 쥔 재물을 마음대로 사용할 수 없습니다. 하나님을 모른다면 모르되, 하나님을 안다면, "내 돈, 내 마음대로 쓰겠다는데 무슨 상관이냐?"라고 말할 수 없습니다.

그러므로 하나님 앞에서 일용할 양식을 걱정해야 하는 사람들을 생각하고 이 기도를 드리는 사람은 적어도 두 가지 생각을 할 수 있어야 합니다.

첫째, 삶의 규모를 줄이고 검소하게 살기를 다짐해야 합니다. "오늘 우리에게 일용할 양식을 주소서"라고 기도하면서 자신이 얼마나 많이 가지고 있고 얼마나 많이 허비하고 있는지를 자각해야 합니다. 일용할 양식조차 없는 사람들을 생각하면서 내 기도가 얼마나 사치스러운지를 깨달아야 합니다. 예수님이 말씀하신 대로 하나님이 공급하시는 것에 자족하며 하나님 나라와 의를 위해 살아가도록 우리 삶의 초점을 다잡아야 합니다.

둘째, 이웃의 가난을 덜기 위해 나의 물질을 나누어야 합니다. 가난은 나라님도 구제할 수 없다는 속담이 있습니다. 예수님도 "가난한 사람들은 늘 너희와 함께 있을 것이다"(마 26:11)라고 말씀하셨습니다. 인간의 탐욕이 완전히 치료되지 않는 한, 가난의 문제를 완전히 해결할 수 없을 것입니다. 하지만 그렇다고 해서 헐벗고 굶주리는 사람들을 그대로 두고 보아서는 안 됩니다.

그런 사람들을 돕는 데 반대하는 사람들은 나름대로 논리가 있습니다. 값싼 동정이 그들의 가난을 치유하는 것이 아니라 고착시킨다고 주장합니다. 가난은 게을러서 생기는 것이니 고생 좀 하게 내버려 두어야 한다고 생각하는 사람들도 있습니다. 물론, 그런 가난도 있습니다. 하지만 가난이 모두 그런 원인으로 생기는 것은 아닙니다. 그 같은 논리가 자신의 이기심을 정당화하는 것은 아닌지 심각하게 반성해 보아야 합니다.

생명의 양식

"오늘 우리에게 일용할 양식을 주소서"라는 기도를 드리면서 우리가 생각해야 할 것이 또 하나 있습니다. 육신의 끼니를 구하는 우리는 그것과는 또 다른 양식이 있음을 기억해야 합니다.

우리가 사는 세상은 먹을 것이 없어서 문제가 아니라 너무 많아서 문제입니다. 매일같이 허리둘레를 만져 보면서 어떻게 하면 덜 먹을까 걱정하는 세상입니다. 이렇게 먹고사는 것이 해결되었는데, 왜 세상은 아직도 이 지경입니까? 유물론자들은 물질적인 문제가 해결되면 유토피아가 온다고 믿었는데, 그 낙원을 우리는 이 땅 어디에서도 보지 못합니다.

인간은 먹는 것으로 다 해결되는 존재가 아니기 때문입니다. 제 친척 중에 욕쟁이 할머니가 계신데, 그분이 자주 그러셨습니다. "인간이 별거라니? 똥 만드는 기계지." 참, 맞는 말씀이다 싶습니다만, 인간은 그 이상입니다. 육신만 편하면 다 되는 존재가 아닙니다. 그런 사람이 있다면, 인간성을 다 잃어버린 것입니다. 원래 인간은 그런 존재가 아니었습니다. 창세기에 의하면, 인간은 하나님의 형상을 따라 지어졌고, 그래서 '생령'(living soul)이 되었다고 합니다(창 2:7). 인간이 '생령'이라는 말은 '육신을 가진 영적 존재'라는 뜻입니다. 그렇기 때문에 음식만으로는 부족하다는 것입니다.

히틀러 치하에서 '죽음의 수용소'에 감금되어 인간의 바닥을 철저히 경험했던 빅터 프랭클(Victor Frankl)은 나중에 그 경험을 바탕으로 「삶의 의미를 찾아서」(Man's Search for Meaning, 청아출판사)라는 책을 썼습니다. 그 책에서 프랭클은 인간이 최소한의 육체적 욕구가 채워지지 않아도 얼마든지 고매한 존재로 살 수 있음을 증언합니다. 누구나 다 그랬던 것은 아니지만, 누구나 다 육체적인 욕구만을 위해 살지 않더라는 사실입니다. 인간은 그러한 존재로 지어졌습니다. 그러한 존재이기에 육신의 양식만으로 만족할 수 없습니다.

예수님이 광야에서 사탄에게 받은 첫 번째 시험은 돌을 빵으로 만들라는 것이었습니다. 40일 동안 금식하신 예수님에게 그것은 아주 달콤한 유혹이었습니다. 하지만 예수님은 그 유혹을 물리치면서 말씀하십니다.

> 성경에 기록하기를 "사람이 빵으로만 살 것이 아니라, 하나님의 입에서 나오는 모든 말씀으로 살 것이다" 하였다.(마 4:4)

여기서 예수님은 끼니만 해결된다고 다 되는 것은 아니라는 사실을 확인해 주십니다. 육체적인 욕구가 충족되는 것은 행복의 필수 조건이지만, 그것으로 전부가 아니라는 것입니다. 인간에게는 끼니로 해결할 수 없는 허기가 있고 물로 채울 수 없는 갈증이 있습니다. 그 옛날, 하나님은 예언자 아모스를 통해 이렇게 말씀하셨습니다.

내가 이 땅에 기근을 보내겠다.
사람들이 배고파하겠지만,
그것은 밥이 없어서 겪는 배고픔이 아니다.
사람들이 목말라하겠지만,
그것은 물이 없어서 겪는 목마름이 아니다.
주의 말씀을 듣지 못하여서,
사람들이 굶주리고 목말라할 것이다.(8:11)

생령인 인간에게 음식 외에 필요한 양식은 '하나님의 말씀'입니다. 하나님의 진리의 말씀을 먹어야 우리 영혼이 살 수 있습니다. 인간의 문제는 육신의 배를 불릴 줄만 알지, 영혼의 허기를 채울 줄 모르는 데서 옵니다. 아무리 좋은 음식으로 배불리 먹고 즐겨도 마음 저 깊은 곳에서 진한 권태와 회의감이 밀려올 때가 있습니다. 음식으로는 해결될 수 없는 영적 허기 때문에 그렇습니다. 하나님의 말씀을 먹어야만 그 영적 허기가 채워질 수 있습니다. 그 영적 허기가 채워져야만 인간은 생령으로 살아갈 수 있습니다.

하나님의 말씀은 예수 그리스도 안에서 결정처럼 드러났습니다. 말씀이 육신이 되어 나타나신 분(요 1:18)이 바로 예수 그리스도입니다. 그래서 예수님은 이렇게 말씀하셨습니다.

> 나는 생명의 빵이다. 너희의 조상은 광야에서 만나를 먹었어도 죽었다. 그러나 하늘에서 내려오는 빵은 이러하니, 누구든지 그것을 먹으면 죽지 않는다. 나는 하늘에서 내려온 살아 있는 빵이다. 이 빵은 먹는 사람은 누구나 영원히 살 것이다. 내가 줄 빵은 나의 살이다. 그것은 세상에 생명을 준다.(요 6:48-51)

예수 그리스도를 주님으로 영접하고 그분의 가르침을 배우며 그분과 동행하는 것이 바로 생명의 빵을 먹는 것입니다. 그럴 때, 비로소 우리 내면의 허기는 채워지고 내면의 갈증은 해갈됩니다. 그러므로 "오늘 우리에게 일용할 양식을 주소서"라고 기도할 때, 우리는 진정한 생명의 양식이신 예수 그리스도가 필요하다는 사실을 기억해야 합니다. 나에게만 필요한 것이 아니라 '우리'에게 즉 모든 인류에게 예수 그리스도가 필요하다는 사실을 기억해야 합니다.

그러므로 오직 자신만 생각하는 사람, 물질에만 희망을 걸고 있는 사람, 잘먹고 잘사는 것이 최고라고 생각하는 사람에게 "오늘 우리에게 일용할 양식을 주소서"라는 기도는 참으로 위험한 기도입니다. 불편한 기도입니다. 끊임없이 양심을 흔들기 때문입니다. 하지만 그렇게 사는 한 이 땅에서는 어느 정도 희망이 있을지 모르나 하나님 앞에서는 아무 희망이 없는 사람이 됩니다. 하나님 앞에 아무 희망 없는 것이 얼마나 불행한 것인지를 우리가 알았으면 좋겠습니다.

알고 보면, 세상적으로 위험한 것이 영적으로는 가장 안전할 때가 많습니다. 그래서 주기도는 가장 위험한 기도지만, 우리를 가장 안전하게 만들어 주는 기도입니다. 다만, 주기도가 우리를 쥐고 흔들 때, 마음껏 흔들리도록 자신을 맡기는 용기가 필요합니다. 부디, 주님이 이 용기를 저와 여러분에게 주시기를 기도합니다.

부활의 주님,
저희로 부활의 세계를 믿게 하소서.
그리하여
저희의 모든 것을 주님의 다스림에 맡기게 하시고
육신의 양식만이 아니라
영적 양식을 먹게 하소서.
저희 모두가 생령으로 자라
물질에 자족하게 하시고
저희 것을 나누어
이웃의 고난을 덜게 하소서.
아멘.

묵상과 토의 문제

1_ 당신은 어떤 마음으로 기도합니까? 하나님의 다스림을 인정하고 맡기는 것이 기도라는 말에 대해 어떻게 생각합니까?

2_ 자족, 검소, 나눔에 대해 당신의 생각을 나누십시오. 당신의 기도는 당신을 얼마나 자족하게 하고 검소하게 살게 하며 나누게 하고 있습니까?

3_ 당신은 생명의 양식을 얼마나 갈망하고 삽니까? 영적 허기와 갈증에 얼마나 예민합니까? 그것을 어떻게 채우고 있습니까?

9. 우리는 공범이다

"우리가 우리에게 잘못한 사람을 용서하여 준 것같이
우리 죄를 용서하여 주시고"

불행의 뿌리

오랜 역사를 거쳐 오면서 인간성을 정화시키고 인류 사회에 유익을 끼치는 것으로 인정받은 종교들이 있습니다. 그것을 흔히 '고등종교'라고 부릅니다. 이 종교들은 나름대로 인간과 인류 사회가 지닌 문제의 뿌리가 어디에 있는지 진단하고 그에 대한 처방을 제시합니다. 종교는 다 같은 것이라고 말하는 사람들도 있지만, 인간의 문제에 대한 진단은 종교마다 뚜렷이 다르고 그 해법 또한 다릅니다. 그 다름을 제대로 이해하는 것이 다원 종교 시대를 제대로 사는 지혜라고 할 수 있습니다.

이웃 종교에 대해 말하는 것은 조심스러운 일이지만, 이해를 돕기 위해 몇 가지 예를 들어 보겠습니다. 가령, 불교는 인간 문제의 핵심을 '집착'에서 봅니다. 불교 교리의 핵심이라 할 수 있는 '사성제'(四聖諦)에 의하면, 인간의 마음에 있는 욕심과 무지가 집착을 일으키고, 그것이 모든 인생고를 만들어 낸다고 봅니다. 따라서 불교는 집착의 굴레로부터 벗어나는 '해탈'을 구원이라고 봅니다.

유교는 인간의 문제가 '예'(禮)를 벗어나는 데 있다고 봅니다. '예'란 인간 사회와 우주를 유지하는 질서를 가리킵니다. 인간이 '예'를 벗어나는 이유는 욕망 때문입니다. 자기 자신과 가족만을 생각하고 행동하면 사회에 해를 끼치는 경우가 자주 생깁니다. 그래서 '극기복례'(克己復禮), 즉 이기심을 극복하고 예로 돌아가는 것을 구원의 길로 생각합니다.

기독교 세계관의 중심에는 '신'이 있습니다. 불교와 유교는 세계를 이해하고 인간을 이해하는 데 있어서 신을 배제합니다. 엄밀히 말하면 불교와 유교는 종교라기보다 철학에 가깝습니다. 반면, 기독교에서는 신을 배제하고는 아무것도 말할 수 없습니다. 인간의 문제 그리고 인류 사회의 문제와 그 해법은 신과의 관계에 있다는 것이 기독교의 진단입니다.

기독교의 신, 즉 하나님은 선하고 정의로운 창조자입니다. 창조자의 원래 계획은, 창세기 1-2장에 잘 그려져 있는 것처럼, 인간이 하나님의 다스림 아래 살면서 모든 피조물을 다스리는 것이었습니다. 인간은 위로 하나님과 사귀며 아래로 만물을 다스리고 관리하는 존재로 지어졌습니다. 그 질서가 지켜지는 한 만물은 제자리를 찾고 제 역할을 하게 됩니다. 그것이 낙원의 상태였습니다.

그런데 그 질서가 무너지고 뒤집혔습니다. 인간이 타락한 천사의 속임수에 넘어가 하나님의 다스림을 받고 살기를 거부했기 때문입니다. 그것이 아담과 하와가 선악과를 따먹은 동기이며 또한 결과입니다. 그 이후 인간은 제각기 하나님을 자기 밑으로 끌어내리고 스스로 하나님의 자리에 올라서려고 했습니다. 하지만 우리가 끌어내린다고 해서 끌려내려 올 하나님이 아닙니다. 결국 인간은 하나님을 무시하고 스스로 신이 되어 자기 욕심대로 살아가기를 선택했고, 그로 인해 사탄의 노예로 전락했습니다. 이렇게 원래의 질서가 무너지자 고난과 재앙이 꼬리에 꼬리를 물고 이어졌습니다.

이러한 상태를 '죄'라고 부릅니다. 보통 단수로 '죄'라고 하면, 하나님을 떠난 상태를 가리킵니다. 이것을 '원죄'라고 부릅니다. 복수형으로 '죄들'이라고 하면, 하나님을 떠난 결과로 인해서 발생하는 여러 가지 악행들을 가리킵니다. 이것을 '자범죄'라고 부릅니다. 비유하자면, 나무가 대지로부터 뿌리가 뽑힌 것과 같습니다. 뿌리가 뽑힌 나무는 여러 가지 문제가 생깁니다. 잎이 시들고 열매가 부실해지며 벌레들이 꼬입니다. 마찬가지로, 인간이 하나님에게 등을 돌리고 스스로 하나님이 되어 살아가면, 그로 인한 여러 가지 현상이 생깁니다. 마음은 이기심으로 물들고, 헛된 욕망이 들끓고, 혈기는 통제되지 않고, 유혹에 쉽게 이끌립니다. 우리가 당하는 모든 고난 그리고 이 세상에 가득 차 있는 모든 혼란의 뿌리를 캐 가면 결국 죄에 닿습니다.

죄 권하는 사회

바로 이런 까닭에 예수님은 우리 자신을 위해 올려야 할 두 번째 기도로 "우리가 우리에게 잘못한 사람을 용서하여 준 것같이 우리 죄를 용서해 주소서"라고 가르쳐 주신 것입니다. 일용할 양식을 구하는 기도로써 삶의 기본 조건이 마련된다면, 그 다음 문제는 삶의 환경이라는 문제를 해결해야 하기 때문입니다. 죄는 인간의 삶을 가장 어렵게 하는 근원적인 문제입니다. 그 죄를 해결하는 열쇠가 용서에 있습니다. 그래서 일용할 양식을 구한 다음 곧바로 용서를 구하라고 하십니다.

두 번째 기도의 원문을 그대로 옮기면 이렇게 됩니다.

용서하소서,
우리의 빚을.
우리가 우리에게 빚진 사람들을 용서하듯이.

빚을 져 보신 일이 있습니까? 자본주의 사회에 살면서 빚을 지지 않은 사람은 찾아보기 어렵습니다. 사실, 우리는 '빚 권하는 사회'에서 살고 있습니다. 자본주의 사회에서 신용 없이는 살 수 없고, 빚을 지지 않고는 신용을 쌓기가 어려우며, 신용을 쌓으면 더 많은 빚을 얻을 수 있고 또 그러고 싶습니다. 집을 가진 사람은 대부분 빚을 지고 있으며, 자녀들을 대학에 보내기 위해서는 어느 정도 빚을 져야 합니다.

그러다 보니 빚을 우습게 생각하는 경향이 생깁니다. 그래서 빚으로 빚을 내고 그 빚으로 또 빚을 내는 위험한 모험도 합니다. 그런데 이렇게 만만해 보이던 빚이 한계를 벗어날 때 한순간에 우리는 거기에 깔려 버립니다. 우리가 숨을 쉴 수 없을 정도로 짓누릅니다. 지난 몇 년 동안 경기 침체로 인해 이와 같은 경험을 한 분들이 적지 않습니다.

죄를 빚에 비유한 것은 예수님 당시보다 오늘 우리에게 더 적절하다 싶습니다. 신용 사회라는 보기 좋은 허울로 인해 빚을 하찮게 생각하는 것처럼, 죄를 하찮게 생각하는 경향이 우리 사회에 널리 그리고 깊이 퍼져 있기 때문입니다. 아니, 죄라는 말이 요즈음에는 '기피 단어'가 되고 있습니다. 소수자에게 상처가 되는 표현을 피해야 한다는 '정치적 올바름'(political correctness)이라는 가치 때문에 앞으로 어떤 행동을 죄라고 부르는 것을 법으로 금지할 날이 올지도 모릅니다. 사람들은 죄를 부정하고 죄에 대해 생각하지도 않고 살기 원합니다. 그래서 과거에 '죄'라고 부르던 것을 요즈음은 '선택'이라고 부르고, 과거에 '죄'라고 부끄러워했던 것을 요즈음은 '기호'라고 자랑합니다. 이렇게 하면서 죄를 쌓아 갑니다.

문제는 아무리 이름을 달리 지어도 죄는 죄라는 것입니다. 아무리 사랑이라고 미화해도 간음은 죄입니다. 아무리 표현의 자유라고 포장해도 막말은 나쁩니다. 다른 사람에 대한 험담은 성경이 경고하는 가장 심각한 죄 중 하나입니다. 오락이나 취미 생활이라고 미화해도 중독은 죄입니다. 야망이니 비전이니 미화해도 탐욕은 죄입니다. 정당방위라고 이름 붙여도, 살인은 죄입니다. 이렇게, 우리는 죄를 하찮게 생각하면서 죄를 쌓아 올립니다. 그러다 보면, 결국 감당할 수 없는 짐이 되어 버립니다. 죄가 짓누르는 힘은 빚이 짓누르는 힘에 비할 바가 아닙니다.

오래전, 저는 외국에 사는 어느 여성을 이메일로 상담하게 되었습니다. 한 남자의 아내인 그분은 우연히 한 남성과 순수한 만남을 가졌습니다. 그분은 그 만남이 절대로 이성적인 것이 아니며, 경계선을 분명히 지킬 수 있다고 자신했습니다. 죄가 아니라 단순한 기분 전환이라고 생각했습니다. 하지만 어느 날 그의 자신감은 한번에 와르르 무너지고, 하나님과 남편에게 돌이킬 수 없는 죄를 범하게 되었습니다. 그분은 몇 달 동안 깊이 회개하며 헤아릴 수 없이 많은 눈물을 흘렸습니다.

저는 몇 번의 이메일을 통해 그 회개의 과정을 도왔습니다. 하지만 제가 드리는 조언이 별로 도움이 되지 않는 것 같았습니다. 그분이 보낸 메일의 한 대목입니다.

저는 많이 힘들고 슬픈 시간을 보내고 있습니다. 갈수록 이번 상처가 더욱 크게 다가오네요. 죄라는 것이 이렇게 강력한 것인데, 너무나 안일하고 경솔하게 대처하고 살아 왔습니다.

그렇습니다. 우리는 죄를 너무 우습게 보는 경향이 있습니다. 죄를 어떻게든 죄 아닌 것으로 미화하며 즐기려 합니다. 우리는 "이것도 죄가 됩니까?"라고 묻습니다. 자신이 즐기는 것을 죄의 목록에서 제외시키고 마음 놓고 즐기고 싶은 것입니다. 한 눈으로는 하나님의 눈치를 보아 가며 크게 혼나지 않을 일들을 즐기며 죄를 쌓아 갑니다. 그것을 달라스 윌라드(Dallas Willard)는 '죄 관리'(sin management)라고 불렀습니다. 전적으로 죄를 포기하지 않고 하나님께 혼나지 않을 만큼만 죄를 즐기고 싶어 하는 심정을 꼬집은 것입니다. 그러다가 마침내 죄의 짐에 눌려 풀썩 주저앉는 날을 맞습니다. 하나님이 벌을 주시지 않아도 죄 자체가 가지고 있는 무게에 짓눌리는 것입니다.

그러므로 돌이킬 수 없는 순간이 오기 전에 회개하고 죄 쌓기를 멈추어야 합니다. 죄는 관리할 대상이 아닙니다. 버려야 할 대상이고 거기서 완전히 해방되기를 소망해야 합니다. 물론, 죄의 짐에 깔려 있다 해도 늦은 것은 아닙니다. 이때 선택안은 두 가지입니다. 하나는 하나님을 아예 떠나는 것이고, 다른 하나는 회개를 통해 새로 지어지는 것입니다. 하나님을 떠나는 것은 당장은 손쉬운 해결책입니다. 하지만 그것은 영원한 파멸을 불러오는 어리석은 선택입니다. 바른 선택은 하나님 앞에서 회개하고 새로 지어지는 것입니다. 그런데 그것이 쉽지 않습니다. 쉽지는 않지만 두고두고 감사하고 기뻐할 수 있는 선택입니다.

예수 그리스도께서 십자가 위에서 우리의 모든 죄를 해결해 주셨다는 것이 참으로 쉬워 보이지만, 실제로 죄의 짐에 눌린 사람에게는 너무 쉬워서 오히려 용서의 은혜를 진실로 받아들이는 것이 어렵습니다. 이는 교리적으로 그렇다고 하니 그렇게 믿겠다는 식으로 해결되는 일이 아닙니다. 제가 상담했던 그 자매는 예수 그리스도의 값없는 용서의 은혜를 내 것으로 받아들이는 과정이 얼마나 고통스러운지를 증언합니다. 회개는 결코 쉬운 것이 아닙니다. 죄가 무거울수록 회개는 고통스럽습니다.

'우리'의 죄

우리를 위한 두 번째 기도에서도 '우리'라는 대명사에 주목할 필요가 있습니다. 즉, "나의 죄를 용서해 주소서"라고 기도하지 않고 "우리의 죄를 용서해 주소서"라고 기도합니다. 원문을 보면, '우리'라는 말이 두 번 나옵니다. "우리의 죄를 우리에게 용서해 주소서"라고 번역해야 맞습니다. 하나님 앞에서 용서를 구해야 할 죄는 나 자신만의 죄가 아닙니다. 우리 모두가 함께 지은 죄에 대해서도 용서를 구해야 합니다.

  우리 모두가 함께 지은 죄가 무엇입니까? 두 가지 점에서 생각해 볼 수 있습니다.

  첫째, 인류가 공동으로 짓고 있는 죄가 있습니다. 예컨대, 무분별한 소비로 인한 환경 파괴의 죄에 대해 우리는 모두 공범입니다. 특별히 선진국에 사는 사람들의 죄가 더 무겁습니다. 하나님이 지으시고 우리에게 관리하도록 맡기신 환경을 욕심 때문에 무분별하게 파괴하고 있습니다. 그것이 나 혼자만의 죄가 아니기 때문에 그리고 그 죄의 결과가 먼 훗날 나타나기 때문에 우리는 이 같은 죄에 대해 둔감합니다. 그렇게 둔감하게 살아가는 동안 이 죄는 감당하기 힘든 결과를 만들어

내고 있습니다. 많은 학자들이 환경 파괴로 인해 인류가 맞이할 참혹한 미래에 대해 경고합니다. 지금 전 세계가 겪고 있는 경제적인 문제도 우리 모두의 탐욕으로 생긴 결과입니다. 내로라하는 경제학자들과 사회학자들이 이구동성으로 하는 말입니다. 인간의 통제되지 않은 탐욕으로 인해 세계 경제 특히 자본주의 경제가 망가져 버렸다는 것입니다. 이런 예를 들자면 한이 없습니다.

우리 각자는 그리고 우리 모두는 이러한 공동의 죄에 대해 하나님께 진정으로 참회해야 합니다. 환경 파괴의 범죄에 대해 진실로 참회하는 사람이라면, 소비를 줄이는 데 힘쓸 것이며, 환경을 위해서 자신이 할 일을 찾아 행할 것입니다. 경제적인 탐욕의 죄에 대해 진실로 참회하는 사람이라면, 기도와 묵상을 통해 욕심을 비우고 개인의 삶에서부터 정의를 실천하며 사회 정의를 위해 헌신할 것입니다. 그렇게 사는 삶은 불편하고 귀찮고 때로 짜증이 나지만, 불편을 겪지 않으면 죄를 피할 수 없습니다.

둘째, 다른 사람이 짓는 죄에 대해 나도 어느 정도 책임이 있다는 것을 인정해야 합니다. 현대의 물질주의와 개인주의가 우리를 속여 나의 죄는 내 문제고 다른 사람의 죄는 그 사람의 문제라고 단정하게 만들었습니다. 하지만 모든 인간은 어떻게든 서로의 삶에 참여하고 있습니다. 한 사람의 문제는 그 사람만의 문제가 아니라 그 사람의 가정의 문제이며, 그 사람의 사회의 문제이고, 또한 인류 전체의 문제입니다. 그것을 인정한다면, 지구 반대쪽에서 일어난 끔찍한 사건을 대하면서

"우리의 죄를 용서해 주소서"라고 기도하게 됩니다.

2012년, 오클랜드에 있는 대학교에서 어느 한인 이민자가 여러 사람을 총으로 살해한 끔찍한 사건이 발생했습니다. 알지도 못하는 사람들을 벽에 세워놓고 사형을 집행하는 사람처럼 총격을 가했다니, 생각만 해도 소름이 돋습니다. 지금까지 밝혀진 바로는 그가 영어 실력 때문에 다른 학생들로부터 왕따를 당했다고 합니다. 하지만 어디 그것 하나 때문에 그처럼 끔찍한 범죄를 저질렀겠습니까? 어릴 때부터 가정에서 그리고 이 사회에서 받은 상처들이 쌓이고 쌓인 까닭입니다. 쌓이고 쌓인 분노가 임계점에 도달하자 마침내 총을 든 것입니다. 그것은 가장 먼저 고수남이라는 한 사람의 죄입니다만, 또한 우리 모두의 죄입니다.

우리는 다른 사람의 죄를 보고 그 사람을 정죄하는 데 너무 민첩한 경향이 있습니다. 그것은 자신의 죄성을 부인하려는 행동이라고 할 수 있습니다. 우리의 삶이 얼마나 긴밀하게 그리고 복잡하게 얽혀 있는지를 안다면, 한 사람의 범죄를 볼 때, "주님, 우리의 죄를 우리에게 용서해 주소서"라고 기도하지 않을 수 없습니다. 제가 좋아하는 구상 선생의 시 중에 "자수"(自首)라는 것이 있습니다.

그 어린애를 치어 죽인 운전수도
바로 저구요,

그 여인을 교살한 하수인도
바로 저구요,

그 은행 강도 도주범도
바로 저구요,

실은 지금까지 미궁에 빠진 사건이란
사건의 정범이야말로
바로 저올시다.

범행동기요, 글쎄?
가난과 무지와 역사의 악순환
아니, 저의 안을 흐르는 카인의 피가
저런 죄를 저질렀다고나 할까요?
저런 악을 빚었다고나 할까요?

이제 기꺼이 포승을 받으며
고요히 교수대에 오르렵니다.

최후에 할 말이 없느냐구요?
솔직히 말하면 죽는 이 순간에도

저는 최소한 4천만과 공범이라는
이 느낌을 버리지 못해
안타까운 것입니다.

이 시를 어떻게 느끼십니까? 지나친 감수성이 빚어 낸 신경증적 반응이라고 생각하십니까? 아니면 한 문학가의 상상력이 빚어 낸 시적 표현이라고 느끼십니까? 둘 다 아닙니다. 이것은 현실입니다. 실제입니다. 진실입니다. 오늘날 인류의 문제는 죄에 대한 우리의 연대성을 깨닫지도 못하고 인정하지도 못하는 데 있습니다. 자기 자신의 죄조차 인정하려 하지 않는 상황인데, 하물며 다른 사람의 죄에서 자신의 책임을 느끼기를 기대하기는 힘듭니다.

적어도, 믿는 사람은 이 점에서 달라야 합니다. 예수 그리스도께서는 인류의 모든 죄를 당신의 죄로 인정하고 그 모든 죄를 담당하셨습니다. 죄 안에 우리 모두가 연결되어 있지 않다면, 그분의 대속이 우리에게 미칠 수 없습니다. 우리 모두는 예수 그리스도께서 대신 속죄해 주셨기에 용서를 입고 하나님을 '아빠'라고 부를 수 있습니다. 그런 우리이기에 다른 사람의 죄에서 나의 몫을 발견하고 진실하게 "우리의 죄를 우리에게 용서해 주소서"라고 기도하게 되는 것입니다. 그런 점에서 가톨릭교인들이 기도할 때, "내 탓이오, 내 탓이오, 다 내 탓이오"라고 고백하는 것은 배워야 할 좋은 자세입니다.

용서의 물결이 흘러나가게

아우구스티누스는 우리를 위한 두 번째의 기도를 '끔찍한 기도'라고 불렀는데, 그 이유는 "우리 죄를 용서하여 주소서"로 끝나지 않고 "우리도 우리에게 죄 지은 사람들을 용서했습니다"라는 말을 덧붙였기 때문입니다(원문에서는 이것이 뒤에 덧붙인 문장인데, 우리말 번역에서는 앞에 나옵니다). 그냥 "우리 죄를 용서하여 주소서"라는 말로 끝났다면, 나 개인의 죄와 우리 모두의 죄에 대해 용서받는 것으로 만족할 수 있었습니다. 그렇게 회개하고 용서를 받는 것도 쉬운 일이 아닌데, 하나님에게서 받은 용서를 다른 사람에게 행해야 한다는 부담이 덧붙여진 것입니다.

우리말 주기도문 번역은 이 부분에서 오해의 소지가 있습니다. "우리가 우리에게 잘못한 사람을 용서하여 준 것같이 우리 죄를 용서해 주소서"라고 하면, 마치 우리가 다른 사람에게 용서해 주는 것이 하나님의 용서를 받는 조건인 것처럼 생각하기 쉽습니다. "제가 제게 죄 지은 사람을 용서했으니, 하나님도 저를 용서해 주셔야 합니다"라고 기도하라는 뜻으로 오해할 수 있습니다.

하지만 그것은 큰 오해이며 왜곡입니다. 우리가 아무리 많은 선행을 쌓는다 해도 하나님의 용서를 살 수는 없습니다. 하나님이 우리를 용서하시는 것은 예수 그리스도의 은혜 안에서 무상으로 주시는 은혜입니다.

우리가 누군가를 용서해 놓고 하나님께 용서를 흥정할 수 없습니다. 하나님은 우리와 거래하실 분이 아닙니다. 우리가 하나님께 감히 거래를 청할 수 없습니다. 또한 우리가 하나님께 짓는 죄는 우리가 용서해야 할 죄와는 비교할 수 없이 큰 것입니다. 마태복음 18장에 나오는 비유가 말하는 것처럼, 우리가 빚 진 사람에게 탕감해 주어야 할 빚이 백만 원 정도라면, 우리가 하나님께 진 빚은 백억이 넘습니다. 이웃에게 백만 원을 탕감해 주고는 하나님께 백억 원을 탕감해 달라고 흥정한다는 것이 말이나 됩니까?

우리는 다만 그분의 은혜를 구할 따름입니다. 우리가 하나님께로부터 용서를 받는 것은 예수 그리스도의 값비싼 은혜로 인한 것입니다. 우리로서는 몸을 불살라 바쳐도 해결할 수 없는 많은 죄를 예수 그리스도를 통해 해결해 주셨습니다. 우리는 그 은혜를 믿고 의지하여 하나님께 용서를 구합니다. 우리 죄의 무게를 생각하면 보혈의 공로에 의지하여 용서를 받는다는 것이 너무도 쉬워 오히려 믿겨지지 않습니다. 그래서 다른 방도를 찾습니다. 하지만 진실로 죄를 깨닫는 사람은 자신의 죄를 자신의 수단이나 노력으로 해결할 수 없다는 사실을 자각하고, 십자가 앞에 무너져 염치없지만 예수 그리스도의 은총을 구합니다. 그럴 때, 그분의 값비싼 사랑을 발견하게 되고 예수 그리스도의 보혈의 공로로 용서받는 것이 결코 간단하거나 쉬운 일이 아님을 깨닫습니다. 그리고 그 사랑에 압도됩니다.

하나님의 사랑에 압도된 사람은 그 은혜를 헛되게 하지 말아야 하겠다는 다짐을 합니다. 억지로 그렇게 하는 것이 아니라 저절로 그 마음이 우러나옵니다. 하나님께 용서를 받았으니, 그 은혜로써 다른 사람을 용서할 수 있습니다. 그러므로 "우리 또한 우리에게 죄 지은 사람들에게 용서했습니다"라는 기도는 "이만큼 했으니 잘 했지요?"라는 뜻이 아닙니다. "아버지께서 주신 은혜를 제가 잊지 않았습니다"라는 뜻입니다. 하늘 아버지에게서 시작된 용서의 흐름이 나에게서 멈추지 않도록 하고 있다는 고백입니다.

예수님은 우리가 매일같이 하나님께 용서를 구하고 또한 매일같이 용서하는 것을 전제하십니다. 이는 처음 기도를 시작한 사람의 기도가 아니라 이미 하나님의 용서를 경험하고 또한 이웃을 용서하기 위해 노력하고 있는 사람의 기도입니다. 인간이 육신을 입고 사는 한 죄를 벗어날 수 없기에 우리는 매일 이렇게 기도해야 합니다. 죄성에 빠진 우리는 이웃과 끊임없이 상처를 주고받기에 매일 이렇게 기도해야 합니다. 매일 드리는 이 기도는 우리 자신이 죄인이라는 사실을 끊임없이 자각시켜 줄 것이며, 우리가 함께 살아가는 이웃도 모두 죄인이라는 사실을 기억하게 해줍니다. 그러니 용서는 일용할 양식만큼이나 절실하고 중요한 것입니다.

우리가 마땅히 용서해야 할 사람들을 모두 용서하지 않는 한 하나님이 우리를 용서하지 않으신다면, 아우구스티누스가 말한 대로 이 기도는 끔찍하게 들릴 것입니다. 용서라는 것이 때로 너무나 어렵기 때문입니다. 하지만 이것은 조건이 아니라 고백이요 결단입니다. 하나님의 은혜를 헛되게 하지 않겠다는 결단이며, 용서의 물결이 흘러나가게 하겠다는 고백입니다. 그러므로 아직 완전히 용서하지 못한 문제가 있다 해도 우리는 여전히 이 기도를 드릴 수 있습니다. 하나님의 용서의 은혜가 결국 용서할 수 있게 만들 줄 믿기 때문입니다. 우리는 하나님의 은혜를 망각하고 은혜 앞에 뻔뻔한 자로 살지 않으려고 몸부림치고 있기 때문입니다.

매듭을 풀라

요한복음 20:19 이하를 보면, 부활하신 예수님이 제자들에게 나타나셔서 세 가지 말씀을 하십니다.

첫째, "너희에게 평화가 있기를!"(19절)이라고 인사하십니다. 이것은 유대인들이 사용하던 "샬롬!"이라는 인사말이었습니다. 방문을 걸어 잠그고 자신들도 예수님처럼 잡혀가서 처형당하지 않을까 두려워 떨던 제자들에게 가장 절실한 것은 평화였습니다.

둘째, "성령을 받아라"(22절)라고 말씀하십니다. 마음의 안정을 찾는 것만으로는 부족합니다. 그들에게는 예수 그리스도에게 임했던 성령이 필요했습니다.

그런 다음, 세 번째로 예수님은 이렇게 말씀하십니다.

> 너희가 누구의 죄든지 용서해 주면, 그 죄가 용서될 것이요, 용서해 주지 않으면, 그대로 남아 있을 것이다.(23절)

기독교 교리를 어느 정도 아는 사람이라면 이 구절을 읽고 갸우뚱하지 않을 수 없습니다. 죄를 용서하는 권한은 하나님에게만 있다고, 기독교는 믿기 때문입니다. 하지만 예수님이 여기서 명하시는 용서는 사제가 고해소에서 하는 것과 같은 용서가 아닙니다. '용서하다'라고 번역된 말이 원래는 '풀다'라는 뜻임을 기억할 필요가 있습니다. 여기서 예수님이 말씀하시는 것은 죄로 인해 묶인 매듭을 푸는 것을 말합니다. 우리가 용서로써 죄의 매듭을 풀면 풀리고, 용서하지 않으면 죄의 매듭이 그대로 묶여 있다는 뜻입니다.

우리 모두의 인생은 죄로 인해 수없이 많은 매듭이 묶여 있습니다. 하나님과 우리 사이에도 수많은 매듭이 있습니다. 깨어 있지 않으면 우리는 매일 하나님께 매듭을 만들게 됩니다. 누구에겐가 분노를 품으면 자신의 마음에 매듭을 만드는 것입니다. 분노가 강하면 강할수록 매듭은 크고 단단해집니다. 스스로 묶어 맨 마음의 매듭이 그 사람의 삶을 지배합니다. 그래서 용서는 무엇보다도 그 사람 자신을 위한 것이라고 합니다. 용서하지 않으면 분노가 그 사람의 삶을 지배하기 때문입니다. 그 분노를 어떤 방식으로든 상대방에게 표출하면 그 사람과 매듭이 묶여집니다. 그래서 사람들 사이에는 수많은 매듭이 존재합니다. 인간관계 중 가장 심하게 꼬이고 엉킨 매듭은 부부나 가족 간의 매듭입니다. 가족들 사이에 엉키고 꼬이면, 누구를 만나든 매듭을 만들게 되어 있습니다.

어떤 매듭은 쉽게 풀리지만, 어떤 매듭은 가위로 싹둑 잘라버리는 것이 나을 정도로 단단히 묶여 있습니다. 조승희나 고수남은 얽히고설킨 매듭을 어쩌지 못해 가위로 싹둑 잘라버리기를 선택한 것입니다. 우리가 인생사에서 겪는 모든 문제들은 결국 이 매듭에서 오는 것입니다. 우리는 매일 하나님께 용서를 구함으로써 이 매듭을 풀도록 힘쓰고, 동시에 이웃과의 매듭을 용서로써 힘써 풀어야 합니다. 굳이 나와 직결되어 있지 않더라도 다른 사람들 사이에 묶인 매듭을 풀기 위해 할 수 있는 대로 노력해야 합니다.

그래서 아시시의 프란체스코는 "주여, 나를 평화의 도구로 써 주소서"라고 기도했습니다. 용서는 아무리 작은 것이라 해도 수많은 매듭으로 얽힌 이 세상을 변화시키는 실마리가 됩니다. 스탠리 하우어워스와 윌리엄 윌리몬은 이렇게 말합니다.

> 우리에게 용서하라고 명령하실 때, 예수께서는 우리에게 책임을 떠맡으라고, 세상을 바꾸라고, 끝없이 돌고 도는 보복과 복수의 쳇바퀴를 멈춰 세우라고 초대하고 계시는 것이다.(「주여, 기도를 가르쳐 주소서」, p. 140)

그렇습니다. 우리가 하나님께 용서를 구할 때, 우리는 이 세상을 위해 가장 중요한 일을 할 힘을 구하는 것입니다. 하나님께로부터 받은 은혜로써 한 사람을 용서할 때, 우리는 우리 삶이 더 이상 죄와 상처에 의해 결정되지 않도록 풀어 주는 것이며, 이 세상을 지배하고 있는 거대한 악의 요새에 작은 구멍을 내는 것입니다. 용서받고 용서하는 것이 이처럼 중요한 일이기에, 예수님은 우리 자신에 대한 기도의 두 번째 항목에서 "우리가 우리에게 죄 지은 자를 사하여 준 것처럼 우리의 죄를 사하여 주소서"라고 기도하라고 가르치신 것입니다.

> 용서의 주님,
> 우리의 죄를 고백합니다.
> 마음을 찢어
> 우리 자신의 죄와
> 이웃의 죄와
> 인류의 죄에 대해 회개합니다.
> 우리를 불쌍히 여기셔서
> 용서를 베풀어 주시고
> 그 용서의 능력으로
> 우리 또한 용서하게 하소서.
> 얽히고설킨 매듭을 풀어 내는
> 평화의 도구가 되게 하소서.
> 아멘.

묵상과 토의 문제

1_ 모든 고난의 근원이 죄에 있다는 사실을 당신의 말로 이야기해 보십시오.

구체적인 예를 들어 설명해 보십시오.

2_ 모두가 공범이라는 사실에 대해 당신은 얼마나 동의합니까? 그렇게 믿는다면 우리의 삶은 어떻게 달라질까요?

3_ 용서받은 경험 혹은 용서한 경험을 기억해 보십시오. 용서하지 못한 혹은 용서받지 못한 경험도 기억해 보십시오. 그 경험들을 통해 용서의 능력에 대해 생각해 보십시오.

10. 세상은 악하고 인간은 약하다

"우리를 시험에 빠지지 않게 하시고
악에서 구하소서"

악한 자가 있다

주기도의 여섯 번째 기도 즉 우리를 위한 세 번째 기도는 다음과 같습니다.

> 우리를 시험에 빠지지 않게 하시고,
> 악에서 구하소서.

이 기도에 대해 깊이 묵상하기 전에 먼저 몇 가지 짚고 넘어갈 것이 있습니다. 이 기도가 뜻하는 것이 무엇인지를 분명히 할 필요가 있습니다.

첫째, '시험'으로 번역된 헬라어 '페이라스모스'(*peirasmos*)의 의미를 따져 보아야 합니다. 이것은 '유혹'이라고 번역할 수도 있고, '시험'이라고 번역할 수도 있습니다. 영어 성경에서는 주로 '유혹'으로 번역합니다. '유혹'은 죄에 빠지게 하는 것을 말합니다. '시험'은 믿음을 흔드는 것을 가리킵니다. 물론 유혹은 우리의 믿음을 시험합니다. 하지만 우리의 믿음을 흔드는 것은 유혹 말고도 많이 있습니다. 시련이 시험이 되기도 하고, 의심이 시험이 되기도 합니다. 그러니 한글 번역이 영어 번역보다 잘 되었다고 할 수 있습니다.

둘째, "악에서 구하소서"라는 구절에서도 따져 볼 것이 있습니다. '악에서'라고 번역된 헬라어 '투 포네루'(tou ponerou)는 '악한 자에게서'라고 번역할 수 있습니다. 성서학자들 다수가 '악에서'라고 번역하기보다는 '악한 자에게서'라고 번역하는 것이 옳다고 믿습니다. 그러므로 이 기도는 "악한 행동에서 구해 주십시오"라는 뜻이거나, "악한 상황에서 구해 주십시오"라는 뜻이기보다, '악한 자'의 손아귀에 잡히지 않도록 구해 달라는 뜻이 됩니다.

그렇다면 '악한 자'는 누구를 말합니까? 예수님의 말씀과 행적을 비추어 볼 때, 그것은 사탄을 가리킵니다. '악마' 혹은 '마귀'라고도 번역되어 있습니다. 예수님은 하나님을 대적하여 인간을 노예로 삼고 하나님의 뜻을 방해하려는 영적 세력이 있다고 믿었습니다. 사탄, 마귀, 그리고 악마는 악한 영적 세력의 우두머리를 가리키는 동의어이고, 귀신 혹은 악령이라고 부르는 영적 존재들이 사탄의 지시에 따라 활동합니다. 예수님은 이 모든 것을 신화로 혹은 상징으로 혹은 비유로 말씀하신 것이 아닙니다. 그분에게 사탄과 악령은 엄연한 실재였습니다.

과학적 세계관에 완전히 설득된 현대인들은 이러한 세계관을 받아들이기 어려워합니다. 예수님을 하나님의 아들이요 진리의 계시자라고 믿는 사람들 중에도 사탄이니 악령이니 하는 말을 외면하는 사람들이 많습니다. 그들은 이렇게 말하는 셈입니다. "예수님은 다 옳았지만, 사탄에 관해서는 착각하셨다."

정말 그럴까요? 예수님은 헛것을 보셨을까요? 그분은 과대망상증을 앓고 계셨을까요? 아니면, 우리가 보지 못하는 세계를 그분이 보고 계셨을까요? 예수님의 세계관을 오늘 우리의 과학적인 세계관에 맞게 고쳐야 할까요? 아니면, 우리의 세계관을 그분의 세계관에 맞게 고쳐야 할까요?

만일 예수님이 틀렸고 우리가 맞는다면, 우리는 세 번째의 기도를 하지 말거나 수정해야 합니다. 그런 사람들은 "악에서 구하여 주소서"라는 번역을 더 편하게 생각할 것입니다. 세계관의 문제가 생기지 않기 때문입니다. 하지만 "악한 자에게서 구하여 주소서"라고 기도하라고 하신 것이 사실이라면, 우리는 이 기도를 따라 세계관을 수정해야 옳습니다.

하나님이 허락하시기에

셋째, '않게 하시고'라는 번역을 생각해 보아야 합니다. 이 어구는 과거의 번역 즉 '들게 하지 마옵시고'라는 번역이 더 좋습니다. 이렇게 하는 것이 원문의 의미를 더 잘 전해 줍니다. 그 이유가 무엇일까요? '시험에 들게 하지 마옵시고'라고 기도하면, 마치 하나님이 우리를 시험에 끌어들이는 분인 것처럼 생각하는 셈이 되지 않을까요?

물론, 하나님이 주시는 시험도 있습니다. 하나님은 아브라함에게 백세에 얻은 외아들 이삭을 번제로 바치라고 명령하셨습니다. 그것은 분명 시험이었습니다. 예수님이 세례를 받으신 후 광야에서 40일 동안 금식하고 기도하시다가 시험을 당하셨는데, 누가복음은 그것을 이렇게 설명합니다.

> 예수께서 성령으로 가득하여 요단 강에서 돌아오셨다. 그리고 그는 성령에 이끌려 광야로 가셔서, 사십 일 동안 악마에게 시험을 받으셨다.(4:1-2)

하지만 모든 시험이 하나님에게서 오는 것은 아닙니다. 야고보 사도는 다음과 같이 말씀합니다.

> 시험을 당할 때에, 아무도 "내가 하나님께 시험을 당하고 있다" 하고 말하지 마십시오. 하나님께서는 악에게 시험을 받지도 않으시고, 또 시험하지도 않으십니다.(1:13)

얼른 생각하면, 이 말씀은 시험에 대한 다른 성경 말씀과 모순되는 것처럼 보입니다. 그러나 그렇지 않습니다. 이 본문에서 말하는 시험은 유혹을 의미합니다. 하나님이 당신의 사랑하는 자녀들을 죄악에 이끌어 들이실 리가 없습니다. 이런 유혹은 다른 데서 옵니다. 우리의 욕심에서 오기도 하고, 악한 영에게서 오기도 합니다. 아니, 태초에 에덴 동산에서 일어났던 그 일과 같이, 인간의 욕심과 사탄의 유혹이 결합하여 우리는 죄에 빠집니다.

믿음의 뿌리를 흔드는 시련도 마찬가지입니다. 잘 되던 사업이 어느 날 와르르 무너집니다. 강건하던 몸에 갑작스러운 이상이 생깁니다. 예상하지 못한 큰 사고를 만나기도 합니다. 이런 일을 만날 때면, 우리는 자주 하늘을 향하여 "어쩌자고 저에게 이런 시련을 주십니까?"라고 하소연을 합니다. 마치 하나님이 의도적으로 그런 불행을 주신 것처럼 생각합니다. 어려운 일만 당하면 너도나도 하나님을 원망하는 것을 보면서 때로 그런 생각을 합니다. '하나님은 얼마나 억울하실까?'

그렇기는 하지만, 예수님이, 마치 모든 종류의 시험이 하나님에게서 오는 것처럼, "우리를 시험에 들게 하지 마옵소서"라고 기도하신 이유가 있습니다. 모든 시험이 하나님에게서 오는 것은 아니지만, 모든 시험이 하나님의 허락 하에 일어나기 때문입니다. 이 세상에서 일어나는 일 중에 하나님의 눈 바깥에서 일어나는 일은 없습니다. 어떤 일은 하나님이 직접 일어나게 하시지만, 어떤 일은 우리의 선택에 의해서 혹은 자연 질서의 순환에 따라서 일어납니다. 때로 그 일이 우리에게 시련이 되고 유혹이 되어도 하나님은 그냥 두십니다. 처음 인간을 지으실 때 그렇게 하기로 선택하셨기 때문입니다.

  하나님은 인간이 로봇이나 노예가 아니라 당신의 연인이 되기를 바라셨습니다. 당신을 사랑하되 스스로 자유로운 선택으로 그렇게 하기를 기대하셨습니다. 그래서 자유의지를 주셨습니다. 물론, 인간이 그 자유를 오용하여 잘못된 선택을 할 수 있습니다. 하지만 그 위험을 감수하지 않고는 진정한 자유는 불가능하고, 또한 진정한 연인을 얻을 수 없습니다. 그렇기 때문에 인간이 자유의지로 인해 여러 종류의 시험을 당하는 것은 하나님이 의도하신 일입니다.

  하지만 그렇다고 해서 하나님은 우리가 시험을 당할 때 본체만체하고 멀리서 팔짱만 끼고 계시지 않습니다. 하나님은 지금도 강한 손을 펼치셔서 우리가 당하는 모든 유혹과 시험을 제거하실 수 있지만, 그것은 스스로 택하신 창조 원리에 위배됩니다. 그 대신, 하나님은 부드러운 음성으로 우리의 영혼을 일깨우시고 부드러운 손길로 우리를 돌보십니다. 우리가 영적으로 깨어 그분의 부드러운 음성을 듣고 따뜻한 손길을 느끼면 유혹과 시험에 들지 않을 수 있습니다. 우리 자신의 능력으로 그렇게 되는 것이 아니라, 하나님의 능력으로 그렇게 될 수 있습니다.

  이런 까닭에 "우리를 시험에 들게 하지 마옵소서"라고 기도하는 것이 맞습니다. 이 기도는 이런 뜻입니다.

  우리가 시험에 들 만큼 영적으로 약해지지 않게 해주십시오. 하나님이 주시는 시험이 우리를 연단시킨다는 것은 알지만, 우리가 감당하지 못할 시험을 주지는 마십시오. 우리가 유혹에 빠지지 않도록 늘 깨어 있게 해 주십시오. 시험을 당하여 도움을 구할 때, 우리 기도를 외면하지 말아 주십시오.

나는 비록 약하나

이제야 우리는 주기도의 여섯 번째 기도의 의미에 대해 생각할 준비가 되었습니다. 이 기도는 적어도 세 가지의 진실을 깨닫게 해줍니다.

첫째, 세상은 악하다는 진실입니다. 물론, 세상은 아름답습니다. 숲속을 걷다 보면 혹은 아침 기도를 끝내고 교회 정원에 나가 보면, 탄성이 절로 터져 나옵니다. 이 세상은 참으로 아름답습니다. 천상병 시인이 말했듯이, 우리 삶은 때로 마치 소풍 나온 아이들처럼 행복하고 즐겁습니다. 하지만 이 아름다운 세상 안에 악이 깊이 스며 있습니다. 때로 악의 현실을 대면하는 것은 고통스러운 일입니다.

그런데 그 악의 현실 배후에 '악한 자'가 있다는 사실을 잊지 말아야 합니다. '악한 자' 즉 사탄의 본질은 '속이는 자'입니다. 사탄의 속임수는 은밀하고도 사악합니다. 만일 우리 눈에 보이는 악이 존재하는 모든 것이라고 생각하면 속은 것입니다. 그 배후를 꿰뚫어 보아야 합니다. 사탄의 속임수에 넘어가 죄악을 자랑으로 삼고 살아가는 사람들이 이 세상에는 너무도 많습니다. 유혹은 도처에 널려 있고, 악은 강합니다. 그 악한 자가 "우는 사자와 같이 삼킬 자를 찾아 두루 다니기"(벧전 5:8) 때문입니다.

역사상 지금처럼 사탄의 속임수에 인류가 심하게 농락당한 시대가 또 있을까 싶습니다. 현대인들은 인간이 인간과 우주에 대한 거의 모든 비밀을 밝혀 냈다고 생각합니다. 인간은 더 이상 무엇에 예속되지 않고 독립적인 존재로 살 수 있게 되었다고 생각합니다. 인간은 깨일 만큼 깨였고, 알 만큼 알게 되었다고 믿습니다. 2012년 3월 25일에 워싱턴 D.C에서 열린 무신론자 집회 "이성 랠리"(The Reason Rally)에 모인 사람들이 외치듯, 이제는 하나님 없이도 얼마든지 선하고 의롭고 아름답게 살 수 있다고 생각합니다.

이는 속고 있는 것이며, 속이고 있는 것입니다. 사탄은 자신의 정체를 드러내지 않고 사람들을 자신의 협력자로 혹은 노예로 만드는 데 뛰어난 재간을 가지고 있습니다. 하나님을 떠나 스스로 독립하겠다는 것은 결국 사탄의 수하가 되거나 협력자가 된다는 뜻입니다.

둘째, 인간은 약하다는 진실입니다. 저는 젊었을 때 이 기도에 대해 약간 불만을 느꼈습니다. 너무 소극적이고 방어적으로 보였기 때문입니다. "인생아, 오너라. 내가 싸워 이기겠다"고 큰소리치던 저였기에 적극적으로 시험과 유혹에 맞서 보기 좋게 승리하고, 악과 싸워 이기기를 바랐습니다. 그렇게 하는 것이 능력 있는 믿음이라고 생각했습니다. 그러고 싶었습니다.

하지만 청년기를 지나면서 인간이 얼마나 약한 존재인지를 거듭 확인하게 되었습니다. 그것을 알면서 많이 겸손해졌습니다. 다른 사람의 잘못을 비난하기에 민첩했던 제가 이제는 저 자신을 돌아보는 일에 더 관심을 두고 삽니다. 저 자신에게도 다른 사람들이 행하는 모든 죄와 악의 가능성이 있음을 알기 때문입니다. 저는 한순간이면 모든 것이 와르르 무너질 정도로 약한 존재입니다.

그렇기 때문에 시험에 들지 않게 해주시기를 기도하는 것입니다. 시험이 닥친다면 하나님의 도우심을 받아 이기기 위해 힘쓰겠지만, 시험을 대면하지 않기를 바랍니다. 소심하고 겁이 많아서 그러는 것이 아닙니다. 세상의 악은 강하고 나는 약하다는 사실을 알기 때문입니다. 자신의 약함을 안다면, 우리의 기도는 당연히 "우리를 시험에 들게 하지 마옵소서"가 되어야 할 것입니다.

제가 신학교에 다닐 때, 한 기독교 잡지에서 당시 한국 교회에서 가장 높이 평가받고 있던 어느 목사님의 대담을 읽게 되었습니다. 기자의 질문 중에 이런 것이 있었습니다. "목사님은 교회도 크게 성장시키셨고 부흥집회에도 자주 다니시니, 이성의 유혹을 많이 받으실 것 같습니다. 그런데 아직 한 번도 넘어지지 않으신 것 같습니다. 무슨 비결이 있습니까?" 그러자 그분이 이렇게 대답한 것으로 기억합니다. "많지요. 늘 유혹이 따라다닙니다. 그런데도 제가 지금까지 넘어지지 않은 비결은 단 하나입니다. 36계 줄행랑, 도망치는 겁니다. 이성과 단둘이 있는 자리를 무조건 피하는 겁니다." 그 목사님은 그토록 많은 영적 은사를 받으셨지만, 자신이 얼마나 약한 존재인지를 아셨던 것입니다. 그렇게 경계했음에도, 그분은 얼마 지나지 않아 이성의 유혹에 무너졌습니다. 인간은 이토록 약한 존재입니다.

셋째, 하나님은 강하시다는 진실입니다. 세상은 악하고 나는 약하다는 것이 진실의 전부라면 해결책은 둘 중 하나입니다. 토굴을 파고 숨어 살거나, 세상에 자신을 맡기고 세상이 이끄는 대로 살아가는 것입니다. 하지만 악한 세상을 장악하고 있는 '악한 자'보다 더 강한 분이 계십니다. 그분은 바로 우리가 기도하는 하늘의 아버지요, 부활하신 주님이시며, 성령이십니다. 삼위일체 하나님은 창조자시요 전능자십니다. 어떤 종교는 이 세상이 악한 신과 선한 신의 끝없는 싸움이라고 가르칩니다만, 기독교는 이 점에서 분명히 다릅니다. 악한 영의 우두머리인 사탄마저도 하나님의 통치권 아래 있으며 결국 하나님 앞에 항복하게 될 것입니다. 아니, 이미 예수 그리스도께서 십자가에서 돌아가셨을 때, 악한 자의 본부가 회복할 수 없이 파괴되었습니다.

그러므로 '악한 자'가 제아무리 강할지라도 하나님의 다스림 아래에 있는 것이며, 이 세상의 악이 아무리 심하더라도 하나님이 결국 모든 것을 바로잡으실 것입니다. 온 세상을 바로잡으실 때까지, 하나님은 당신을 믿는 사람들을 통해서 일하십니다. 우리는 약하지만, 하나님의 능력에 의지할 때 그 약함을 극복할 수 있습니다.

희망은 우리 자신에게 있지 않습니다. 하나님께 있습니다. 그분의 능력에 의지할 때, 우리는 시험에 들지 않게 되고, 시험에 든다면 그 시험을 이길 수 있으며, 시험에 넘어졌다 해도 '악한 자'의 노예로 전락하지 않습니다. 전능자의 능력으로 다시 일어나 하나님의 나라와 의를 위해 살아갈 수 있습니다.

믿음의 공동체

따라서 "우리를 시험에 들게 하지 마시고 악한 자에게서 구하소서"라고 기도할 때마다 우리는 이 세상의 악의 현실에 대해 깨어나며, 그 악의 현실 배후에 '악한 자'가 활동하고 있음을 기억합니다. 이 기도를 드릴 때마다 또한 우리는 우리 자신의 약함을 인정하고 고백합니다. 뿐만 아니라, 이 기도를 드릴 때마다 우리는 이 세상을 참되게 다스리는 것은 '악한 자'가 아니라 하늘 아버지라는 사실을 확인하고 그분께 더 가까이 나아갑니다.

　이렇게 본다면, 이 기도는 결코 소극적인 기도도, 방어적인 기도도 아닙니다. 오히려 때로 유혹에 넘어져도 다시 일어나 하나님 나라와 의를 위해 살아가게 만드는 기도입니다. 때로 시험에 흔들려도 하나님의 도우심으로 그 시험을 이겨 다시금 하나님 나라와 의를 위해 살아가도록 만들어 주는 기도입니다. 때로 악한 자의 손에 떨어져 시련과 환난을 당해도 그 악한 자에게 항복하지 않고 하나님의 도우심으로 그 손아귀에서 빠져나오게 하는 기도입니다. 이 기도는 비겁한 자가 토굴을 파고 들어가 드리는 기도가 아니라, 악이 편만한 이 세상에서 하나님의 나라와 의를 위해 일하기 위해 힘쓰는 사람이 매일 드릴 기도입니다.

악한 세상에서 하나님의 뜻을 따라 살려면 시험도 많고 유혹도 많으며 시련도 적지 않습니다. 악한 자, 즉 사탄은 하나님의 뜻을 따라 살려는 열망이 강한 사람일수록 더욱더 강하게 공격합니다. "죽은 개를 차는 법은 없다"라는 속담이 있습니다. 그냥 두어도 하나님과 상관없이 살며 자신의 욕심대로 사는 사람에게 사탄은 아무 일도 하지 않습니다. 이미 그의 밥이 되었기 때문입니다. 하지만 영적으로 깨어 하나님의 뜻을 찾고 그 뜻을 실천하려는 사람에게 사탄은 공격을 멈추지 않습니다. 그렇기 때문에 기도자는 더욱더 간절히 이 기도를 드리는 것입니다. 이 같은 기도와 진실한 믿음이 악한 자의 공격을 이기는 힘이 됩니다. 그래서 바울 사도는 이렇게 말합니다.

여러분은 주님 안에서 그분의 힘찬 능력으로 굳세게 되십시오.
악마의 간계에 맞설 수 있도록,
하나님이 주시는 온몸을 덮는 갑옷을 입으십시오.
우리의 싸움은 인간을 적대자로 상대하는 것이 아니라,
통치자들과 권세자들과 이 어두운 세계의 지배자들과
하늘에 있는 악한 영들을 상대로 하는 것입니다.
그러므로 하나님이 주시는 무기로 완전히 무장하십시오.
그래야만 여러분이 악한 날에 이 적대자들을 대항할 수 있으며
모든 일을 끝낸 뒤에 설 수 있을 것입니다.(엡 6:10-13)

믿는 사람들은 원하든 원하지 않든 영적 전쟁에 참여하고 있는 것입니다. 이 전쟁은 실상 이미 이겨 놓고 하는 전쟁입니다. 예수 그리스도를 통해 악한 자의 진영이 회복 불능 상태로 궤멸되었기 때문입니다. 하지만 국지전으로 일어나는 악한 자의 공격은 여전히 강하고 위협적입니다. 그 공격을 이겨내기 위해서는 위로 하나님의 능력이 필요하고, 옆으로 믿음의 형제자매들이 필요합니다. 하나님이 주시는 무기로 무장하고 믿음의 형제자매들이 연대할 때 그 어떤 공격도 우리에게는 위협이 되지 않습니다. 뿐만 아니라, 우리는 서로 힘을 합하여 악한 자의 도구로 살아가는 사람들을 해방시키기 위해 힘을 씁니다.

그래서 "나를 시험에 들게 하지 마시고 악한 자에게서 구하여 주소서"라고 기도하지 않고 "우리를 시험에 들게 하지 마시고 우리를 악한 자에게서 구하여 주소서"라고 기도하는 것입니다. 나 혼자만 깨끗하게 사는 것으로 충분하지 않습니다. 나 혼자만 악한 자에게서 벗어나면 다 되는 것이 아닙니다. 내가 시험에서 완전히 벗어나려면 그리고 내가 악한 자의 손길에서 완전히 벗어나려면 나와 함께 사는 사람들이 함께 그렇게 되어야 합니다. 그러므로 우리는 시험에 빠져 악한 자의 도구로 사용되는 사람들을 볼 때 그들을 위해 간절히 기도하며 그들이 악한 손아귀에서 벗어나도록 노력합니다.

이런 점에서 교회는 참으로 중요합니다. 눈에 보이는 교회 건물을 말하는 것이 아닙니다. 믿음 안에서 진실하게 삶을 나누는 신앙의 공동체를 말하는 것입니다. 교회에 나온다고 해서 자동적으로 그러한 믿음의 공동체에 속해 있다고 할 수 없습니다. 실제로 삶을 나누는 공동체에 소속하여 정기적으로 만나는 사람들이 있어야 합니다. 그렇게 예수 그리스도 안에서 한 몸이 되어야 시험에 빠지지 않고, 빠지더라도 지지 않고, 혹시 지더라도 다시 일어설 수 있으며, 악한 자에게서 벗어나 살아갈 수 있습니다.

> 하늘의 아버지,
> 저희 눈을 뜨게 하셔서
> 세상의 악을 통해
> 악한 자를 보게 하소서.
> 악의 현실 앞에서
> 저희 자신이 얼마나 나약한지 알게 하시되,
> 하늘 아버지께서 얼마나 강한 분이신지도
> 알게 하소서.
> 매일같이 아버지 앞에 낮아지게 하시고
> 매일같이 새롭게 일어나
> 아버지의 나라와 의를 위해 살게 하소서.
> 아멘.

묵상과 토의 문제

1_ 당신이 겪었던 시험에 대해 이야기해 보십시오. 어떻게 그 시험을 이겨 낼 수 있었습니까?

2_ '악한 자' 즉 사탄이 당신을 어떻게 여길 것 같습니까? 그냥 두어도 되는 사람입니까? 아니면 공격할 필요가 있다고 느끼겠습니까? 당신은 어떻게 대비해야 하겠습니까?

3_ 하나님 나라와 의를 위해 살아갈 때 마주하게 되는 시험과 시련이 어떤 것인지 생각해 보십시오.

4부

하늘로 올리는 기도

11. 하늘이 전부다

"나라와 권능과 영광이
영원히 아버지의 것입니다. 아멘."

'대개'의 역사

이제, 주기도의 마지막 구절에 당도했습니다. 이것을 '송영'이라고 부릅니다. 이는 하나님께 영광을 돌리는 기도입니다. 송영으로 모든 간구를 마치는 것은 꼭 필요한 일이며 또한 적절한 일이라 할 수 있습니다. 그런데 송영의 내용에 대해 살피기 전에 먼저 해결할 것이 있습니다.

첫째, 「통일찬송가」에 실린 주기도의 송영은 '대개'라는 말로 시작했습니다. 그런데 「21세기 찬송가」에 실린 주기도의 송영에는 이 단어가 없습니다.

'대개'라는 번역은 한국 교회 역사에서 여러 번 우여곡절을 겪었습니다. 언제부터 주기도의 송영에 '대개'가 들어가게 되었는지는 문헌 조사를 해야 밝혀 낼 수 있을 것입니다. 확실한 것은 1949년에 편찬된

「합동찬송가」에 실린 주기도문에 '대개'라는 단어가 들어 있습니다. 당시에는 모든 교파가 「합동찬송가」를 사용했기 때문에 모든 교회에서 '대개'라는 말로 송영을 시작했습니다.

변화가 일어난 것은 1967년입니다. 일부 교단에서 「개편찬송가」를 발행했고, 편집자들은 주기도문에서 '대개'를 삭제했습니다. 그 이후, 「개편찬송가」를 사용하는 교회에서는 주기도를 올릴 때 '대개'라는 말을 사용하지 않았습니다. 그러자 초교파 연합 예배를 드릴 때 문제가 생겼습니다. 주기도를 드릴 때면 마지막까지 한 목소리로 박자를 잘 맞춰 나가다가 송영에서 갑자기 박자가 무너져 버렸습니다.

다른 어느 나라보다 초교파 연합 예배를 자주 드리는 한국 교회에서 교파마다 다른 찬송가를 사용하니 큰 혼란이 생겼습니다. 예배 순서에 여러 종류의 찬송가 장수를 표기해야 했고, 가사도 제각각이어서 불편했습니다. 이와 같은 문제로 인해 1976년에 한국찬송가통일위원회가 발족되고 1983년에 「통일찬송가」가 나오게 되었습니다.

「통일찬송가」의 앞면에 수록된 주기도문에 '대개'가 다시 들어갔습니다. 일부 교단의 대표들은 이 단어를 빼자고 주장했고, 다른 교단의 대표들은 그것을 넣어야 한다고 주장한 것입니다. 많은 논란 끝에 '대개'를 넣는 쪽으로 결론이 났습니다. 그런데 2006년에 발행된 「21세기 찬송가」에 수록된 주기도문에는 '대개'가 삭제되었습니다. 그렇다고 해서 이 문제가 해결된 것은 아닙니다. 아직도 '대개'라는 말로 송영을 시작하는 교회들이 적지 않습니다.

그렇다면 왜 이 단어가 문제가 되었습니까? 헬라어 원문에서 이 송영은 '호티'라는 접속사로 시작합니다. 헬라어에서 '호티'는 여러 가지 의미로 사용됩니다. 앞 문장과 뒷 문장을 연결하는 경우에는 '왜냐하면'이라는 뜻으로 쓰이기도 하고, 관계대명사절을 이끄는 접속사의 역할도 합니다. 때로는 아무 뜻 없이 문장 부호처럼 쓰입니다. 주기도의 송영에서 쓰인 '호티'는 문장 부호처럼 쓰인 것이라고 보아야 옳습니다. 그러므로 굳이 번역하지 않아도 되는 단어입니다. 영어 번역에서는 주로 'for'라는 접속사를 사용합니다만, 더 많은 번역본에서는 '호티'를 번역하지 않습니다.

하지만 성경 말씀을 일점일획도 더하거나 빼서는 안 된다고 믿는 사람들이 있습니다. 의미를 전하는 데 중점을 둔다면, '호티'는 굳이 번역하지 않아도 됩니다. 반면, 문자적인 번역을 원칙으로 한다면 어떤 말로든 번역해야 합니다. 그래서 선택된 단어가 '대개'라는 말입니다. 우리가 보통 쓰는 '대개'는 한자로 '大槪', '대충' 혹은 '대강'이라는 뜻입니다. 하지만 여기서 쓰인 한자는 '大蓋'입니다. 이는 '일의 큰 원칙으로 말하건대'라는 뜻입니다. 생각해 보면, 앞의 기도문과 송영을 이어 주기에 아주 좋은 단어입니다.

그러므로 '대개'는 있어도 좋고 없어도 큰 상관이 없습니다. '대개'라는 말의 뜻이 주기도의 전반적인 정신과 어울리기는 하지만, 원문에 없는 뜻을 넣었다는 비판을 받을 수 있습니다. 저 개인적으로는 '호티'를 번역하지 않고 그대로 송영을 드리는 것이 더 낫다고 느낍니다. 그러니 이 점에서만큼은 새번역의 손을 들어 주고 싶은 것입니다.

송영의 역사

송영에 관하여 또 하나 설명하고 넘어갈 문제가 있습니다. 이 송영은 마태복음 6:13에 기록되어 있는데, 괄호 안에 묶여 있습니다. 그 이유가 난외주에 기록되어 있습니다. 개역 성경은 "고대 사본에는 괄호 안의 내용이 없음"이라는 설명을 달아 놓았습니다. 이 설명을 이해하려면 신약 본문의 역사를 이해해야 합니다.

 결론부터 말하자면, 신약 성경 27권의 원본(저자가 쓴 것)은 모두 사라졌습니다. 그 대신, 원본을 손으로 베껴 쓴 사본만이 남아 있습니다. 마태가 처음으로 복음서를 완성했을 때, 얼마나 많은 사람들이 그 복음서를 읽고 싶었겠습니까? 그래서 수많은 사본이 만들어졌습니다. 언젠가 잃어버린 원본이 발견될지 모르나, 지금까지는 사본들만 남아 있습니다.

 사본들을 비교해 보면 가끔 차이가 발견됩니다. 손으로 베끼다 보니, 실수로 빠뜨리거나 첨가하게 된 것입니다. 뿐만 아니라, 필사자가 의도적으로 삭제하기도 하고 첨가하기도 했으며 문장을 손질하기도 했습니다. 불순한 의도로 그렇게 한 것이 아니라, 그렇게 하는 것이 예수님의 뜻에 더 가까울 것이라고 판단했기 때문입니다. 그래서 사본들 사이에 차이가 생겨나게 되었고, '본문비평'이라는 분야에 훈련된 학자들은 남겨진 사본들을 비교하여 원본의 모습을 재현하려고 노력해 왔습니다.

그렇다고 해서, 성경 본문에 대한 신뢰를 버릴 이유는 없습니다. 지금의 신약 본문 중에 논란의 대상이 되고 있는 것은 지극히 일부분입니다. 전체적으로 원본과 다름이 없다고 보면 됩니다. 문제가 되고 있는 본문에는 난외주를 통해 설명을 달아 놓습니다. 그만큼 우리의 성경은 정직합니다.

송영이 괄호 안에 묶여 있고 난외주에 "고대 사본에는 없음"이라고 쓴 이유가 여기에 있습니다. 사본들을 비교해 본 결과, 송영은 마태가 처음 복음서를 쓸 때에는 없었음에 분명합니다. 그러니 예수님이 제자들에게 가르치실 때에도 송영은 말씀하지 않았다고 추론할 수 있습니다. 후대의 어느 필사자가 송영을 써 넣었고, 다른 사람들이 그것을 좋게 여겨 따른 것입니다.

유대교 전통에 따르면, 송영은 제사장이 회중의 기도에 대한 응답으로 올리는 기도입니다. 비유하자면, 대표 기도가 끝난 후 성가대가 응답송을 부르는 것과 같은 식입니다. 회중이 한 목소리로 기도를 드리고 나면, 제사장은 하나님을 높이는 송영을 부름으로써 기도를 마칩니다. 대개 송영은 오늘날의 축도처럼 정해진 형식이 있었습니다.

그러므로 이렇게 추론해 볼 수 있습니다. 2세기 혹은 3세기의 고대 교회에서 예배를 드릴 때 주기도를 암송하는 전통이 자리를 잡았습니다. 회중이 한 목소리로 주기도를 올리면, 감독이나 장로가 제사장의 역할을 맡아 송영으로 응답했습니다. 그것이 전통으로 굳어지자, 누군가가 송영을 마태복음의 본문에 적어 넣은 것입니다. 그렇게 함으로써 부족한 것을 보완할 수 있다고 생각한 것입니다.

미국과 유럽의 여러 교회에서는 주기도를 올릴 때 송영을 드리지 않습니다. 주님이 원래 주신 기도문에는 그것이 없다는 이유 때문입니다. 저는 그것이 잘하는 일이라고 생각하지 않습니다. 20세기 최고의 신약학자로 인정받는 요아킴 예레미아스(Joachim Jeremias)는 이 문제에 대해 이렇게 말한 적이 있습니다.

예수님은 주기도에서 송영을 말씀하지 않았지만, 송영을 드리는 것에 대해서는 찬성하셨음에 분명하다.

개인의 기도든 회중의 공동 기도든, 송영으로써 기도를 마치는 것은 매우 적절한 일입니다. 기도의 초점은 우리에게 하나님이 누구신지를 인정하고 고백하고 찬양하는 것에 있기 때문입니다. 예수님은 주기도의 전반부(Thou Petitions)에서 하나님을 높이는 기도를 가르치셨습니다. 따라서 주기도를 송영으로 마치는 것은 예수님이 기뻐하고 칭찬하실 일이라고 생각합니다.

이 땅의 모든 것

송영은 하나님이 전부라는 사실을 인정하고 고백하는 것입니다. 그래서 주기도의 송영은 우리가 사용하는 어휘 중에서 가장 무게 있는 세 단어를 한데 묶습니다. '나라', '권능' 그리고 '영광'은 따로 두어도 각각 큰 무게를 가집니다. 그런데 그 셋을 한데 묶어 놓았습니다. 그럼으로써 이 지상의 모든 것이 주님께 속해 있음을 고백합니다.

먼저, '나라'(헤 바실레이아)에 대해 고백합니다. 이 송영이 고백되던 당시, 로마 제국은 모든 나라가 로마 황제에게 속했으며 또한 그래야 한다고 선전했습니다. 소위 '팍스 로마나'(Pax Romana)의 정신입니다. 로마 황제의 다스림 아래 들어와야만 진정한 평화를 누릴 수 있다는 뜻입니다. 그러므로 "나라가 로마 황제에게 있습니다"라고 말해야 옳습니다. 이 같은 상황에서 "나라가 영원히 아버지께 있습니다"라고 기도하는 것은 목숨을 걸어야 할 정도로 위험한 일이었습니다. 나라가 하나님께 있다는 말은 로마 황제에게는 없다는 뜻이 되기 때문입니다.

물론, 이것은 모든 국가 제도를 부정하는 말은 아닙니다. 사실, 기독교는 처음부터 현실 체제를 인정하고 수용하는 편이었습니다. 그래서 무정부주의자나 혁명가들은 국가에 대한 예수님과 바울의 태도가 너무 소극적이라고 불평했습니다. 예수님과 바울 사도의 뜻은 지상의 모든 정권을 끝내고 하나의 신정 국가를 세우자는 데 있지 않았습니다. 지상의 국가와 제도는 질서를 유지하기 위해 필요합니다. 다만, 지상의 모든 왕들 위에 진정한 왕이 있으며, 지상의 모든 국가들 위에 영원한 국가가 있음을 알고, '왕의 왕'에게 충성하며, '나라 중의 나라' 즉 하나님 나라를 위해 살라고 가르쳤습니다.

세계 최강이라는 미국의 대통령이 성경에 손을 얹고 선서하면서 마지막에 "하나님, 나를 도우소서"(Please help me, God!)라고 고백할 때, 우리는 나라가 영원히 하나님께 속했다는 사실을 봅니다. 한 국가의 대통령이 되었지만 자신은 '왕중의 왕'의 다스림 아래에 있다고 믿는 사람이라면, 자신에게 주어진 기간 동안 하나님의 정의를 이루기 위해서 노력할 것입니다. 또한 그 모습을 보면서 국민들은 자신의 최종적인 충성의 대상이 어디에 있는지를 생각하게 될 것입니다.

그 다음, '권능'(헤 두나미스)에 대해 고백합니다. 영어의 '다이너마이트'가 '권능'을 의미하는 헬라어 '두나미스'에서 나왔습니다. 구 번역에서는 '권세'라고 번역했는데, 이것은 헬라어로 '에수시아'에 더 가깝습니다. 권세는 보이지 않는 힘을 가리킵니다. 예컨대, 경찰 신분증은 아무런 힘이 없지만 권세를 가집니다. 반면, 권능 혹은 능력은 다이너마이트처럼 무엇인가를 움직이는 힘을 가리킵니다. 권능이 있으면 자신의 뜻대로 모든 것을 다스릴 수 있습니다.

이 송영이 고백되던 당시, 로마 제국은 막강한 능력으로 세상을 호령하고 있었습니다. "모든 길은 로마로 통한다"는 속담이 만들어질 만큼 지중해 연안의 모든 나라들을 점령하고 속국으로 만들었습니다. 로마의 통치에 반기를 드는 것은 곧 멸망을 자초하는 것이었습니다. 그리스가 철학으로 유명했다면, 로마는 법과 군사력으로 유명했습니다. 법과 군사력에 집중한 이유는 권능 때문이었습니다. 로마 황제는 전능자였고, 로마는 전능의 국가였습니다. 그러므로 모든 권능은 로마 황제에게 있다고 믿었습니다. 이런 상황에서 하나님을 믿는 사람들은 고백했습니다. "권능은 로마가 아니라 하늘 아버지께 있다"라고 말입니다.

지금 우리는 모든 권능은 돈에서 나온다고 믿는 시대에 살고 있습니다. 월스트리트가 세계의 중심이 되었습니다. 권력이 돈 위에 있던 시대는 지나갔습니다. 이제는 돈 앞에서 권력이 무력합니다. 얼마전, 장관급의 공직에 임명된 사람이 자신이 보유한 주식을 처분해야 한다는 사실을 알고 사퇴했습니다. 전에는 상상도 할 수 없는 일이었습니다. 장관직보다 돈이 더 중요합니다. 돈에 권능이 있기 때문입니다. 돈으로 할 수 없는 일이 거의 없기 때문입니다. 그러므로 우리는 지금도 이 송영을 고백해야 합니다. "권능은 돈이 아니라 하나님께 있다"고 말입니다.

마지막으로, '영광'(헤 독사)에 대해 고백합니다. 한자어로 '榮光'은 '빛나고 아름다움'을 의미합니다. 헬라어 '독사'는 히브리어 '카봇'을 번역한 말인데, '카봇'은 전쟁할 때 입고 나가는 전투복을 가리키는 말이었습니다. 시간이 지나면서 '카봇'은 '무거운 것' 혹은 '중요한 것'이라는 의미로 발전했고, 나중에는 '빛남' '높음' '중요함' 등의 의미로 발전했습니다. 따라서 '영광을 받는다'는 말은 '높임을 받는다' 혹은 '찬양 받는다'는 뜻입니다.

'영광'은 모든 사람들이 갈망하는 것입니다. 누구나 높임받고 존경받기 원합니다. 자신의 존재가 무겁게 그리고 중요하게 인정받기를 원합니다. 이 송영이 처음 고백되던 당시에는, 로마 황제가 가장 빛나는 존재였습니다. 로마 귀족들은 그 자리에 오르고 싶어서 수단과 방법을 가리지 않았습니다. 황제가 될 수 없다면 그 근처라도 가고 싶었습니다. 빌라도가 유대 총독으로 있으면서 여러 번 무리수를 둔 것도 더 큰 영광을 받고 싶었기 때문입니다. 이런 상황에서 믿는 이들은 "영광은 하나님께 있습니다"라고 고백했습니다.

결국, "나라와 권능과 영광이 영원히 아버지의 것입니다"라는 고백은 이 땅의 모든 것이 하나님 아버지께 있다는 고백이요 선언입니다. '영원히'라는 말은 절대로 흔들리지 않는 진리라는 사실을 강조합니다. 이 고백을 뒤집으면 "나라와 권능과 영광이 이 세상 누구에게도 있지 않습니다"라는 뜻이 되며, 또한 "나는 오직 하늘 아버지께 충성을 다하겠습니다"라는 뜻이 됩니다. 그러므로 믿는 이들이 함께 모여 이 고백을 드릴 때마다 세상의 질서는 바로잡히는 것입니다. 이 고백으로써 온 세상의 참 주인이 누구인지가 밝혀지기 때문입니다.

아멘, 아멘!

기도를 마칠 때 '아멘'이라고 말하는 것은 이스라엘 사람들의 전통이었습니다. 언어학자들의 연구에 따르면 '아멘'은 고대 이집트어에서 왔다고 합니다. 구약 성경을 보면, 이 단어가 이미 히브리어로 확고하게 자리 잡은 것을 알 수 있습니다. 일반 대화에서 '아멘'은 '진실로' 혹은 '확실히'라는 뜻으로 쓰입니다. 예수님은 말씀하실 때 자주 "아멘 아멘

레고 휘민"(진실로 진실로 내가 너희에게 말한다)이라고 시작하셨습니다. 하고자 하는 말씀이 중요할수록 이렇게 시작하셨습니다.

기도에 대한 응답으로서 '아멘'에는 적어도 두 가지 의미가 담겨 있습니다.

첫째, "진실로 그렇습니다"라는 뜻입니다. 드려진 기도가 진심에서 나온 것임을 확인하는 것입니다. 누군가 대표로 기도할 때 '아멘'으로 응답했다면, "저의 마음도 참으로 그렇습니다"라고 고백하는 것입니다. 주기도를 드린 후 '아멘'으로 마무리했다면, "주님께서 가르쳐 주신 기도가 저의 진심을 담고 있습니다"라는 뜻입니다. 그러므로 '아멘'이라는 응답은 기도가 끝났다는 신호가 아니라 드려진 기도에 마음을 쏟아 붓는 행동입니다.

둘째, "그렇게 되기를 바랍니다"라는 기원이기도 합니다. 다른 누구가 아니라 기도드린 사람 자신, 바로 나에게 그렇게 되기를 기원하는 것입니다. 앞에서 우리는 "아버지의 나라가 오게 하소서"라는 기도는 곧 "저에게 아버지의 다스림이 이루어지게 해주십시오"라는 기도와 다름없다는 것을 보았습니다. 기도는 하나님께 모든 책임을 전가시키는 것이 아닙니다. 오히려 기도는 하나님의 뜻을 이루기 위해 책임을 떠맡는 행동입니다. 그렇기 때문에 "기도는 눈을 뜨면서부터 시작된다"고 말합니다.

저는 목회 기도를 드릴 때 자주 이렇게 기도합니다. "저희가 주님께 많은 것을 구했습니다. 주님의 자비로 저희의 기도를 들어 주옵소서.

동시에, 저희로 하여금 저희를 향한 주님의 기도를 듣게 하시고 또한 응답하게 하옵소서." 우리가 드리는 기도는 대부분 일방통행식입니다. 하나님이 우리에게 하시려는 말에는 귀를 막고, 우리가 하고 싶은 말만 하려 합니다. '아멘'은 그와 같은 일방통행을 거부합니다. 진실하게 '아멘'으로 응답하는 기도자는 "저에게 그렇게 되기를 빕니다"라고 말하는 것이고, "제가 그렇게 하겠습니다"라고 말하는 것이기 때문입니다.

이렇게 본다면, 주기도의 송영이 후대에 첨가된 것이라는 이유로 무시하는 것이 얼마나 어리석은 일인지가 드러납니다. 주기도를 송영으로 마무리하는 것은 예수님의 뜻에 일치하는 것이며, 주기도를 더욱 중요하게 만드는 일입니다. 때로, 성도들과 함께 송영을 고백할 때, 마음 깊은 감동과 힘이 차오르는 것을 느낍니다. "나라와 권능과 영광이 영원히 아버지의 것입니다. 아멘!"이라고 고백할 때, 마치 헨델의 "메시아"에 나오는 '할렐루야'를 부르는 것 같은 감동을 느낍니다. 그것이 진정한 기도입니다.

부디, 주기도로 기도할 때마다 송영에서 이 감동을 경험할 수 있기를 바랍니다. 예배로 모여 성도들이 함께 이 송영을 올릴 때마다 세상의 질서가 흔들리고 바로잡히는 역사가 일어나기를 기도합니다. 그래서 주기도는 가장 위험한 기도입니다. 이 기도가 이루어지면 세상의 질서가 뒤집히고 삶이 변혁되기 때문입니다. 하지만 그래서 주기도는 가장 좋은 기도입니다. 진정한 소망을 불러오기 때문입니다. 송영은 이 같은 주기도의 전복적 성격을 확인하는 기도입니다.

온 우주의 주인이신 주님,

모든 왕의 왕이신 주님,

주님이 전부이십니다.

영원무궁도록

주님만이 전부이십니다.

아멘,

아멘,

아멘.

묵상과 토의 문제

1_ 오늘 이 시대에 "나라와 권능과 영광이 영원히 아버지의 것입니다"라고 고백하는 것은 어떤 의미입니까? 우리 시대의 문화와 사조에 비추어 생각해 보십시오.

2_ 진실하게 송영을 고백하는 사람들은 이 세상에서 어떻게 살아가게 될까요? 구체적으로 생각해 보십시오.

3_ '아멘'에 담긴 기도의 의미에 대해 생각해 보십시오.

맺음말: 주기도, 세상에서 가장 위험한 그래서 가장 위대한 기도

이제 주기도에 대한 영적 순례를 마칩니다. 부디, 유익한 여정이었기를 바랍니다. 주기도로 기도드릴 때, 한 구절 한 구절의 의미가 마음에 울릴 수 있기를 바랍니다. 그렇게 된다면, 주님의 마음을 더 깊이 알 수 있을 것이며, 우리 기도가 바른 길을 찾아갈 것이고, 우리 삶이 주님의 삶을 닮아 갈 것입니다.

주기도를 생각 없이 주문처럼 암송하지 않고 그 의미가 더욱 살아 있게 하기 위해서는 주기도로 기도하는 방법에 창조적인 변화를 줄 필요가 있습니다. 몇 가지 예를 제안합니다.

첫째, 개인적으로 주기도로 기도하는 방법에 대해서는 「사귐의 기도」(IVP) 216-218쪽을 참고하시기 바랍니다. 간단히 요약하면, 주기도 전체를 한꺼번에 암송하는 대신, 한 구절씩 따로 기도드리고 묵상과 기도를 병행하는 방법입니다. "하늘에 계신 우리 아버지"라고 부른 다음, 그 의미에 대해 잠시 묵상합니다. 묵상이 끝나면 그 의미를 담아

말로 혹은 마음으로 기도드립니다. 그런 다음 "아버지의 이름을 거룩하게 하시고"라는 기도로 넘어갑니다. 이렇게 끝까지 기도하면, 주기도의 단어 하나하나가 살아날 것입니다.

둘째, 주기도를 묵상과 병행하는 방법이 있습니다. 한 구절의 기도를 말로 올린 다음, 충분한 시간 동안 묵상하는 것입니다. 이 경우에는 묵상보다는 침묵이 더 좋습니다. 특별히 의미를 생각하려고 하지 말고, 올려진 기도에 마음을 맡기고 침묵하는 것입니다. 주기도를 처음부터 끝까지 기도하지 않아도 좋습니다. 예컨대, 불안과 두려움이 마음을 흔들 때, 조용히 앉아 "아버지의 나라가 오게 하소서"라는 한마디 기도를 드리고 그분의 다스림 안에 들어가도록 침묵으로 기도하는 것입니다. 혹은 적당한 간격으로 이 기도를 천천히 음송하는 것입니다. 그러다가 적당한 때 침묵으로 들어가면 됩니다. 그렇게 되면, 든든한 평화가 차오를 것입니다. 제 경험으로는 이런 방법으로 기도할 때 기도의 문이 활짝 열립니다.

셋째, 기도 모임에서 주기도로 기도할 때도 이와 유사한 방법을 사용하면 아주 유익합니다. 모두 눈을 감고 묵상하는 중에 인도자가 "하늘에 계신 우리 아버지"라고 기도합니다. 그런 다음 잠시 그 의미를 묵상하는 시간을 가집니다. 적당한 시간이 지나면, 그 의미를 담아 한 목소리로 통성으로 기도할 수도 있고, 성령의 이끌림을 따라 기도하게 할 수도 있습니다. 그런 다음, 다시 잠깐 침묵의 시간을 가진 후, "아버지의 이름을 거룩하게 하시고"라는 기도로 넘어가면 됩니다. 이런 식으로 주기도를 다 마치려면 한 시간이 족히 걸리지만, 참여자들이 주기도를 새롭게 느끼고 깊은 기도의 경험을 하게 됩니다.

이 밖에도 주기도를 유익하게 활용할 방법이 더 있을 것입니다. 어쨌거나 초점은 주기도가 주문처럼 맹목적으로 암송되지 않고, 주기도로 기도드릴 때마다 우리의 영성이 깨어나며 기도가 더 깊어지고 삶이 변화되는 것입니다. 그러기 위해서는 하나님이 우리에게 주신 창조성을 발휘할 필요가 있습니다. 누군가 우루과이의 어느 성당 벽에 써 놓았다는 기도문은 주기도를 창조적으로 올리는 또 한 예를 보여 줍니다.

"하늘에 계신"이라고 하지 말라.
　세상 일에만 관심 두고 있다면.
"우리"라고 말하지 말라.
　너 혼자만을 위해 살고 있다면.
"아버지"라고 부르지 말라.
　아들딸처럼 살고 있지 않다면.
"아버지의 이름을 거룩하게 하시며"라고 기도하지 말라.
　입술로는 하나님을 부르지만 마음은 멀리 있다면.
"아버지의 나라가 오게 하시며"라고 기도하지 말라.
　하나님 나라와 세상 나라를 혼동하고 있다면.
"아버지의 뜻이 땅에서도 이루어지게 하소서"라고 기도하지 말라.
　그 뜻을 위해 고통받을 각오가 되어 있지 않다면.

"오늘 우리에게 일용할 양식을 주시고"라고 기도하지 말라.

배고픈 사람들에 대해 아무런 관심이 없다면.

"우리가 우리에게 잘못한 사람을 용서한 것같이 우리 죄를 용서하여 주시고"라고 기도하지 말라.

누구에겐가 아직도 앙심을 품고 있다면.

"우리를 시험에 빠지지 않게 하시고"라고 기도하지 말라.

죄 지을 기회를 찾아다니고 있다면.

"악에서 구하소서"라고 기도하지 말라.

악에 대항해 싸울 마음이 없다면.

"아멘"이라고 말하지 말라.

아버지의 말씀을 심각하게 받을 마음이 없다면.

어찌 보면, 제가 이 책에서 쓴 모든 내용을 이 기도문이 요약해 놓은 것 같습니다. 이 글을 읽다 보니 정신이 번쩍 나고 등골이 서늘해집니다. 제 살아가는 모습이 주기도를 드리기에 많이 부족하기 때문입니다. 그렇기 때문에 더욱더 정신 바짝 차리고 아프더라도 주기도를 계속 드려야 합니다. 이 기도에 숨겨진 가시에 저의 옛 사람이 찔려 죽을 때까지 계속해야 합니다.

실로 주기도는 세상에서 가장 위험한 기도입니다. 제대로 드리는 모든 기도는 위험합니다. 그래서 헨리 나우웬이 말했듯, 제대로 기도하려면 용기가 필요합니다. 우리가 누리던 것을 포기해야 하고 편안하게 느끼던 것들을 떠나야 하기 때문입니다. 주기도를 제대로 드린다면, 우리 삶은 더 이상 전과 같을 수 없습니다. 그 변화가 우리의 옛 사람에게는 크나큰 위험이고 위협입니다. 옛 사람이 죽어야 하기 때문입니다. 하지만 그렇기 때문에 주기도는 또한 가장 위대한 기도입니다. 우리 삶에 진정한 소망을 이끌어 오기 때문입니다.

부디, 저와 독자 여러분 모두에게 주기도가 진정한 소망을 불러 오기를 기도합니다.

가장 위험한 기도, 주기도

초판 발행_ 2013년 5월 20일
초판 7쇄_ 2023년 4월 20일

지은이_ 김영봉
펴낸이_ 정모세

펴낸곳_ 한국기독학생회출판부
등록번호_ 제2001-000198호(1978.6.1)
주소_ 04031 서울 마포구 동교로 156-10
대표 전화_ (02)337-2257 팩스_ (02)337-2258
영업 전화_ (02)338-2282 팩스_ 080-915-1515
홈페이지_ http://www.ivp.co.kr 이메일_ ivp@ivp.co.kr
ISBN 978-89-328-1294-6

ⓒ 김영봉 2013

책값은 뒤표지에 있습니다.
무단 전재와 복제를 금합니다.